Birgit Eckelt

Biergeschichte(n)

Birgit Eckelt

Biergeschichte(n)

Bayerns fünftes Element

rosenheimer

Titelbild: Gestaltung unter Verwendung eines historischen Fotos, das dem Verlag freundlicherweise zur Verfügung gestellt wurde von der Privatbrauerei M. C. Wieninger GmbH & Co. KG, Teisendorf
Abbildungen: Auerbräu, Rosenheim: S. 143; Gesellschaft für Öffentlichkeitsarbeit der Deutschen Brauerwirtschaft e. V., Bonn: S. 11, 15, 21, 27, 28, 37, 39, 50, 58; Paulaner Brauerei, München: S. 102, 124
Satz und Repro: Buch-Werkstatt, Bad Aibling
Druck und Bindung: Wiener Verlag, Himberg bei Wien
Printed in Austria

ISBN 3-475-53003-1

Vorwort

Am Ende des Jahrhunderts und zu Beginn des Jahrtausends bevorzugen das Bayerische Fernsehen und seine Zuschauer bilanzierende, publizistische Herausforderungen im grand format. »20 Tage im 20. Jahrhundert« mit zwanzig Sendungen. »Die Geschichte Bayerns« in dreizehn Folgen, »Deutsches Museum – Das Jahrhundert der Technik« in fünf Beiträgen, »Rundfunkgeschichte(n)« in vier Kapiteln und jetzt die »Biergeschichte(n) – Bayerns fünftes Element« in vier Teilen.

Bei all diesen eigentlich naheliegenden Themen stellten die Recherche-Teams fest, dass es darüber keine grundlegenden und allgemeinverständliche Standardwerke gibt. So auch nichts über Bier und Bayern. Geschichte musste also neu sortiert werden. Nützlich waren dabei Fußnoten in wissenschaftlichen Abhandlungen, hilfreich Sagen, Legenden und Anekdoten – wichtig aber vor allem die Spurensuche in Kloster- und Brauereiarchiven, in Familien-, Stadt- und Dorfgechroniken.

Bier und Bayern wurde, historisch gesehen, geradezu zu einem Synonym. Obwohl der Stoff, aus dem die Bierträume sind, nicht hierzulande erfunden wurde, steht Bier für Bayern wie ein ureigenes Kulturgut. Die manchmal unmittelbare Nachbarschaft von Dorfkirche und Dorfwirtschaft scheint ein typisch bayerisches Phänomen zu sein. Im bayerischen Kirchenkalender ist das Kirchenjahr um eine fünfte Jahreszeit erweitert – die Starkbierzeit. Und ebenfalls nur hierzulande wird den vier Urstoffen des Lebens ein fünftes hinzugefügt – das Biertrinken gilt als elementares Bedürfnis der Bayern.

Bier ist in Bayern nicht nur ein Getränk, sondern ein Grundnahrungsmittel. Es beeinflusste die hiesige Mentalität und es gestaltete mit die Kirchen-, Kultur-, Sozial-, Sitten-, Regional-, Wirtschafts-, Agrikultur- und Industriegeschichte. Anhand dieses Stoffes lässt sich Geschichte vom Alltags her beschreiben – eine demographische Geschichtsschreibung.

Bier beeinflusste ebenso die bayerische Staatsgeschichte: Das Reinheitsgebot war das erste Lebensmittelgesetz der Welt, das Biermonopol konnte über Krieg und Frieden entscheiden. Im veränderten Bierpreis kündigten sich gute wie schlechte Zeiten an und er galt seit jeher als politisches Stimmungsbarometer. Beachtlich ist auch die politische Bedeutung der Bierstätten: Versammlungslokal der städtischen Zunftrevolte um 1400 in München war der »Franziskaner«. Die konspirativen Treffs der Anführer des bayerischen Volksaufstands von 1705/1706 waren Münchener Bierwirtschaften und die Massenversammlungen der Räterepublik fanden in den Bierkellern statt. Man könnte fast sagen, in diesen Bierstätten wurde Demokratie-Geschichte geschrieben – hätte dort nicht auch, beispielsweise im Bierdunst des »Bürgerbräukellers«, ein folgenschweres Kapitel Diktatur-Geschichte seinen Anfang genommen.

Im Süden Europas treffen sich die Menschen auf den Marktplätzen, in Bayern versammelt man sich in dunklen Bierhallen oder im Schatten der Biergärten. Als Ort der Völkerverständigung erlangte das »Hofbräuhaus«, ebenso wie das Oktoberfest, weltweiten Ruhm. Um die Wende zum 20. Jahrhundert war das Bier aus Bayern Nummer Eins auf dem Weltmarkt. Heute muss der frühere global player darauf achten, als local player zu bestehen. Dennoch weist der heutige Weltmarkt noch deutliche Spuren des Bayerischen auf.

Die vorliegenden Biergeschichte(n) erzählt Birgit Eckelt freilich ohne Bierernst: »Die Klosterbrauereien«, »Bierbarone«, »Raudis, Revoluzzer, Radikale« und »Wandel und Handel«.

Henric L. Wuermeling

Bayerns fünftes Element

»Das erste Mal schauert man, und hat man's eine Woche getrunken, so kann man's nicht mehr lassen.«

Johann Wolfgang von Goethe

Die Klosterbrauereien

Die vier Elemente, Feuer, Wasser, Luft und Erde, sind die Urstoffe des Lebens. Doch in Bayern, so sagt man scherzhaft, kommt noch ein fünftes hinzu: das Bier. Bier ist hierzulande fester Bestandteil des Brauchtums. Ob als Festtags- oder Fastengetränk, als »Kindstauf-« oder »Trösterl-Trunk«, Bier darf in Bayern von der Wiege bis zum Grab, in guten wie in schlechten Tagen nicht fehlen: Früher galt gutes Bier als Gottesgabe und seine Herstellung kam lange Zeit einer Geheimwissenschaft gleich. Manche Klosterbrauerei schien über eine höhere, gar göttliche Inspiration zu verfügen und vielleicht stehen die Klöster deshalb noch heute im Ruf, das beste bayerische Bier zu brauen.

Radau im Kirchenkeller

Weltenburg an der Donau ist das älteste Kloster Bayerns. Bier wird dort schon seit dem Jahr 1050 gebraut. Das belegt eine Urkunde, die sogenannte »Braugerechtsame«, mit der den Klöstern früher das Brau- und Schankrecht erteilt wurde.

Eine prächtige Kirche zeugt von Kloster Weltenburgs ehemaligem Reichtum. Sie wurde von den Meistern des bayerischen Barock, Cosmas Damian und Egid Quirin Asam, gestaltet. Doch in diesem Gotteshaus ging es nicht immer nur andächtig zu: Eine Zeit lang, so erzählt man sich, sollen nämlich ausgerechnet im Kellergewölbe unter der Kirche Bierfässer gelagert worden sein. Niemanden störte das – bis zum Sommer 1895.

Das Wetter war so schlecht, dass der übliche Besucheransturm ausblieb und sich das übrig gebliebene Bier in den Fässern langsam in Essig verwandelte. Durch die lange Nachgärung wurde es allmählich »unruhig« und machte sich immer häufiger lautstark bemerkbar. Das war schließlich auch in der Kirche nicht mehr zu überhören. Während der Predigt konnte man plötzlich recht unanständige Geräusche vernehmen, so laut, dass selbst die Andächtigsten in schallendes Gelächter ausbrachen und der Pfarrer den Gottesdienst abbrechen musste. Der peinlichen Angelegenheit folgte ein saftiger Streit mit dem erzbischöflichen Ordinariat und schließlich der Bau eines neuen Lagerkellers. Die Weltenburger Brautradition blieb davon – Gott sei dank – unberührt.

Alkohol statt Wasser

Im Mittelalter wusste man noch nichts über Bakterien, doch hatte man bemerkt, dass Brunnenwasser manchmal der Gesundheit schaden kann. Wenn es möglich war, nahm man anstelle von Wasser lieber vergorene Getränke wie Wein oder Bier zu sich.

Schon im frühen Mittelalter kannte man in den Klöstern drei Sorten Bier. Die beste Sorte »Celia« wurde aus Gerste gebraut und war für Patres und vornehme Gäste bestimmt. Die einfachen Mönche bekamen »Cervisa«, einen aufbereiteten Sud aus Hafer und Gerste. Den letzten, mit Wasser gestreckten Haferaufguss »Conventus« schenkte man an Bettler und Pilger aus.

Das lässt sich aus dem ältesten, erhaltenen Bauplan einer Klosterbrauerei aus dem Jahr 815 ersehen, den man in St. Gallen gefunden hat. Der Plan dieses mittelalterlichen Musterbetriebs zeigt, wie man sich damals eine ideale Brauerei vorstellte und welche Braugeräte zur Verfügung standen: Dort waren bereits drei Brauhäuser, eine Darre, eine Malzquetsche sowie diverse Kühl-, Gär- und Lagerräume vorgesehen. Der Dreschraum war in Form eines Kreuzes geplant, wovon man sich Gottes Segen erhoffte, denn die Herstellung von gutem Bier war schwierig. Sie erforderte umfangreiche Kenntnisse, eine Fülle technischer Hilfsmittel und vor allem Sauberkeit. Diese Voraussetzungen waren am ehesten in den Klöstern gegeben.

Die Dimensionen der St. Gallener Brauanlage lassen darauf schließen, dass Bier, zumindest in den Klöstern diesseits der Alpen, um das Jahr 800 längst Alltagsgetränk gewesen sein muss, obwohl im Christentum – man denke beispielsweise an das letzte Abendmahl – eigentlich der Wein traditionellerweise eine große Rolle spielt.

Bayern und der Wein

Das Volk in Bayern hat bis ins 17. Jahrhundert überwiegend Wein getrunken. Wein ließ sich im Vergleich zum Bier einfach produzieren. Die Ergebnisse weltlicher

Braukunst blieben dagegen lange Zeit wenig befriedigend und das Brauhandwerk außerhalb der Klöster sollte dem klösterlichen noch lange unterlegen bleiben.

Im 9. Jahrhundert erfüllte der Gerstensaft am Hof Karls des Großen den Mönch Alkuin mit blankem Entsetzen. Obwohl er gerne glauben wollte, dass das Bier eigentlich von Gott gegeben sei, wohne in dem schlechten Trunk, den er dort erhalten habe, der Tod, berichtet er. Für den Wein als Alltagsgetränk des Volkes spricht, dass damals in Bayern ein viel milderes Klima herrschte, sodass überall Trauben gedeihen konnten. Das beweisen naturwissenschaftliche Untersuchungen an den Jahresringen alter Bäume.

Was die Qualität hiesiger Tropfen dennoch in Frage stellt: Wer sich's leisten konnte, zog es vor, importierten Wein aus dem Süden zu trinken. Solchen Wein besorgten sich auch die Klöster. Diese kostspieligeren Sorten blieben allerdings den Äbten und Patres vorbehalten. Die einfachen Fratres mussten sich mit dem »Sauerampfer« vom Klostersüdhang begnügen. Es ist leicht vorstellbar, dass sie deshalb bemüht waren, das barbarische Gebräu »Bier« zu kultivieren.

Spätestens im 18. Jahrhundert ging der Weinkonsum in Bayern allgemein zurück. Durch Klimaveränderungen müssen die Trauben inzwischen so sauer gewesen sein, dass selbst der damalige bayerische Staatskanzler, Wigiläus Kreittmayr, ironisch die Vorzüge eines Landes pries, »in dem der Essig auf Hängen wächst«.

In den bayerischen Klöstern hatte man damals die tägliche Hemina (= Ration) Wein schon längst durch ein paar kräftige Maß Bier ersetzt. Diese Umorientierung hatte jedoch nicht nur geschmackliche Gründe.

Flüssiges Brot für hungrige Mönche

Entscheidend für die Verbesserung des Klosterbiers war die Ordensregel: »Flüssiges bricht das Fasten nicht«. Während des Fastens durften die Mönche, außer einer Mahlzeit am Abend, nur flüssige Nahrung zu sich nehmen. Um diese 40 Tage besser überstehen zu können, besann man sich aufs nährstoffreiche Bier. Jedoch schmeckte das Gebräu ursprünglich geradezu widerwärtig süß.

Erst im Laufe der Jahrhunderte gelang es den Mönchen, daraus ein wohlschmeckendes Getränk – das »flüssige Brot« – zu machen.

Von den Ureinwohnern Bayerns, von den »Baibari« oder »Baiobari« ist in den Geschichtsbüchern um das Jahr 600 zum ersten Mal die Rede, aber sie haben weder Klöster errichtet noch gutes Bier gebraut. Die Grundlagen für die bayerischen Klosterbrauereien schufen christliche Missionare aus dem Norden.

Mönch als Bierbrauer

Kolumban, ein irischer Wandermönch, gründete etwa um das Jahr 600 in England und Frankreich mehrere Missionsklöster. Eines davon war Luxeuil in Burgund, der Ausgangspunkt für die Christianisierung Bayerns. Von dort kamen Eustasius und Agilus, die Gründer Weltenburgs, und sie führten wohl auch die klösterliche Braukunst in Bayern ein.

In Luxueil braute man schon im Jahr 634. Die Sitten der Kolumbanklöster müssen äußerst streng gewesen sein. Wer dort mit der »Gottesgabe Bier« unachtsam oder verschwenderisch umging, musste mit empfindlichen Strafen rechnen. Nicht immer allerdings – wie eine aus Luxueil überlieferte Erzählung beweist.

Das Bier-Wunder von Luxueil

Eines Tages zapfte der dortige Braumeister gerade Bier in eine Kanne, als er überraschend von Abt Kolumban gerufen wurde. Der gute Mann machte sich in eiligem Gehorsam sofort auf den Weg, vergaß aber vor lauter Eifer das Zapfloch zu schließen. Entgegen aller Erwartungen blieb er durch ein »Bier-Wunder« von der Strafe verschont.

Als er nämlich zurückkehrte, war nicht ein einziger Tropfen übergelaufen, sondern das Bier hatte sich über der Kanne emporgetürmt! Das kam einem wahren Wunder gleich, denn Bier kannte man damals nur als nahezu schaumloses Getränk. Sogleich folgerte man in frömmelnder Dankbarkeit: So belohnt Gott die Verdienste des Gebietenden und den Gehorsam des Dienenden! Vielleicht war es aber auch nur die erste schaumige Maß, die hier zufällig entstanden war und alle in Staunen versetzte.

Der unersättliche Grimouald

In Staunen versetzen uns heute die täglichen Rationen, die die Ordensbrüder erhielten. Heißt es doch in den Benediktinerregeln, der Trunk der Mönche dürfe nicht zur Berauschung führen. Allerdings erhielt jeder Bruder täglich beachtliche fünf bis zehn Zumessungen. Eine Zumessung, die spätere Maß, betrug etwas mehr als einen Liter. Welchen Alkoholgehalt das Bier damals hatte, lässt sich heute nicht mehr genau sagen, aber die Fastenzeit dürfte wohl ihre Schrecken verloren haben.

Einem gewissen Frater Grimouald erschien seine Ration wohl dennoch zu knapp und so genehmigte er sich mitunter etwas mehr. Das bewegte seinen Mitbruder zu einem erbosten Vers:

»Grimouald
fällt es dir bei
aus diesem Gefäß zu schöpfen:
Möge sein Inhalt sofort in Säure sich verwandeln
und ein unendlicher Husten
samt brennendem Durst dir beschert sein.«

Das erste Münchener Bier

Brennenden Husten dürfte auch die erste Fuhre Münchener Bier in Rom verursacht haben. Zumindest erzählt man sich über das erste Münchener »Exportbier« eine wenig ruhmreiche Geschichte: Aus Tegernsee, Bayerns ältester Benediktinerabtei, kamen Wandermönche und errichteten auf dem Petersbergl, damals noch Klostergrund, zunächst eine Kapelle und bald auch eine Brauerei, denn auch hier benötigte man »flüssiges Brot« für die Fastenzeit. Als der Fastentrunk nach Tegernseer

Rezept gelungen schien, wollte man auch dem Heiligen Vater in Rom ein Fässlein zukommen lassen. Der Weg dorthin war beschwerlich und mühsam und die Reise dauerte sehr lange.

Nach vielen, vielen Wochen kam aus Rom ein besorgtes Schreiben, in dem es hieß: Man würde doch zu gerne wissen, welche schlimmen Verfehlungen die Mönche denn begangen hätten, dass sie sich mit diesem absonderlichen Fastentrunk gar so kasteiten? Das Bier, das beim Papst angekommen war, muss abscheulich geschmeckt haben, weil es auf der langen Reise sauer geworden war.

Der gute Ruf des Münchener Biers stammt sicher nicht aus dieser Zeit.

Salvator für Veganer

Die Paulanermönche, die 1629 in München Kloster Neudeck gründeten, mehrten dagegen den Ruf des Münchener Biers erheblich, obwohl sie selbst ein bedauernswertes Leben führten.

Die Ordensregeln erlaubten ihnen nur karge, pflanzliche Nahrung. Sogar auf Eier und Milch mussten sie verzichten. Damit sie während der 40-tägigen Fastenzeit nicht wie die Fliegen umkippten, brauchten sie ein kräftiges Bier.

Bruder Barnabas, bürgerlich Valentin Still, ein Brauerssohn aus der Oberpfalz, erfand später die Rezeptur für ein doppelt eingebrautes, nahrhaftes Starkbier. Aus dem damaligen »Sanct-Vater-Öl«, gebraut zu Ehren des Ordensgründers Franz von Paula, soll die spätere Bezeichnung »Salvator« entstanden sein.

Dieses Bier schmeckte aber nicht nur den Mönchen.

Von nah und fern kamen Bedürftige und solche, die sich dafür ausgaben, um etwas von dem würzigen Trunk zu ergattern. Die Klosterbrüder hatten nämlich die Verpflichtung, Bedürftige unentgeltlich zu verköstigen. 1780 erhielten die Paulaner – nach langem Ringen – vom möglicherweise schon etwas angeheiterten Kurfürst Karl Theodor, endlich auch die Erlaubnis zum öffentlichen Verkauf in den Fastenwochen. Damit hatte Bayern seine »fünfte Jahreszeit«, die Starkbierzeit.

Mönche beim Bier

Haus und Hof fürs Bier

Dem Bier sagt man nach, dass es mitunter die Qualen des irdischen Daseins zu erleichtern vermag – scheinbar und vorübergehend zumindest. Mit Sicherheit kann es solche aber auch verursachen. Am Ufer des Ammersees, zwischen Wartaweil und Erlinger Höh', gab es vor mehr als hundert Jahren einmal ein Dorf namens Ramsee. Doch um das Jahr 1860 war der Ort verschwunden. Heute erinnert daran nur mehr ein einsamer Gedenkstein inmitten eines Fichtenwaldes. Vom ehemaligen Ort Ramsee war es ein kurzer Weg zum süffigen Bier ins Andechser Klosterbräustüberl. Dort haben die Bauern, von der alltäglichen Mühsal geplagt, wohl allzu oft Trost in einem billigen Bierrausch gesucht. Man erzählt sich zumindest, das sei der wahre Grund gewesen, warum die Landwirtschaft zusehends verkümmerte, die Häuser verfielen und das Dorf schließlich verschwand.

Mord und Management

Die Geschichte des »Heiligen Bergs« steht im Zusammenhang mit einem Mord. Im 15. Jahrhundert ließ Herzog Ernst seine Schwiegertochter, die schöne Baderstochter Agnes Bernauer in der Donau ertränken, weil er die Ehe seines Sohnes Albrecht mit der Bürgerlichen nicht duldete. 1435 gründete Albrecht, den man den Frommen nannte, auch aus Trauer über den Tod seiner geliebten Gattin die letzte bayerische Benediktinerabtei, Kloster Andechs. Eine Gedenktafel erinnerte dort an den gewaltsamen Tod der jungen Frau.

Andechs entwickelte sich schon bald zu einem bedeutenden Wallfahrtsort. Nach der Regel des Heiligen Benedikt muss jedes Kloster auch seelsorgerische Aufgaben übernehmen. Bedürftige und Pilger müssen freundlich aufgenommen und bewirtet werden, ganz so, als seien sie Christus, heißt es dort. Der Freigiebigkeit waren allerdings recht bald natürliche Grenzen gesetzt. Schon in den Jahren zwischen 1622 und 1626 suchten über eine halbe Million Pilger das Kloster auf. Bei unentgeltlicher Verköstigung hätte der Ansturm der Pilgerschar mit Sicherheit den finanziellen Ruin des Klosters bedeutet.

Ab Mitte des 15. Jahrhunderts erhielten die ansässigen Benediktiner mit der »Braugerechtsamen« die Erlaubnis, ihr Bier zu verkaufen. Von diesem Zeitpunkt an entwickelte sich das Bierbrauen zu einem recht einträglichen Gewerbe.

Andechs hat nichts von seiner Anziehungskraft eingebüßt. Heute beherbergt es die größte und bedeutendste von zwölf noch erhaltenen Klosterbrauereien. Ein Teil der Biereinnahmen fließt sogar in gemeinnützige Einrichtungen.

Brauen gegen den Müßiggang

Ein Grund für die Beliebtheit des »Heiligen Bergs« war seit jeher die hervorragende Qualität des Klosterbiers, Ergebnis jahrhundertelanger Studien und Experimente. In den umfangreichen Bibliotheken der Klöster wurden alte Schriften aufbewahrt, aus denen die Mönche nützliche Kenntnisse gewannen. So zum Beispiel die »Naturalis historia«, ein Werk des römischen Schriftstellers Plinius des Älteren aus dem ersten Jahrhundert nach Christus. Es ist die erste naturgeschichtliche Enzyklopädie der Welt und umfasst 37 Bände. Plinius beschreibt dort verschiedene Herstellungsweisen eines Getränks »aus eingeweichtem Getreide«.

Die Ursprünge der Braukunst gehen weit ins Altertum zurück. Man schreibt sie den Ägyptern, Sumerern und Babyloniern zu. Das Studium ihrer Brautechniken regte die Mönche zu eigenen Verbesserungsversuchen an.

»Müßiggang ist der Feind der Seele«, heißt es bei den Benediktinern. Deshalb musste im Kloster nicht nur gebetet, sondern auch gearbeitet werden. Alles, was innerhalb der Klostermauern benötigt wurde, sollten die Mönche dort auch selbst herstellen können. Für die Planung eines Klosters erdachte sich der Heilige Benedikt folgende Regel: »Das Kloster soll, wenn möglich, so angelegt werden, dass sich alles Nothwendige, nämlich Wasser, Mühle, Garten, innerhalb des Klosters befindet und die verschiedenen Arten des Handwerks dort ausgeübt werden können. So brauchen die Mönche nicht draußen herumzulaufen, was ja ihren Seelen überhaupt nicht zuträglich ist.« Bei einer kühlen Maß Klosterbier, Ergebnis dieser bescheidenen Lebensführung, sind ihm heute sicher auch weniger Gläubige dankbar.

Fromme Urkundenfälscher

Auf den Grundlagen benediktinischer Brautradition betreibt man noch heute Forschungsarbeit in Weihenstephan und unterhält dort eine der modernsten Brauereien der Welt. Ursprünglich lieferte Weihenstephan Lebensmittel und Bier an das gegenüberliegende Bistum Freising. Wann man in Weihenstephan mit der Brautätigkeit begann, kann man, wie bei allen Klosterbrauereien, nicht mehr aufs Jahr genau datieren. Die Erteilung des Schankrechts hingegen lässt sich häufig durch die sogenannte »Braugerechtsame« belegen.

Im Fall Weihenstephan sorgte dieses Dokument für einigen Aufruhr. Lange Zeit konnte Weihenstephan für sich in Anspruch nehmen, die älteste Brauerei der Welt zu sein. Als Beweis diente die »Braugerechtsame« aus dem Jahr 1040. Doch als man das Schriftstück eines

Tages genauer unter die Lupe nahm, kam es zu einer bösen Überraschung:

Man musste feststellen, dass die frommen Weihenstephaner Mönche im 17. oder 18. Jahrhundert an der Jahreszahl der Urkunde – vermutlich mittels Ochsengalle – ganz unchristlich manipuliert haben. Ihren Interessen kam nämlich ein um hundert Jahre späteres Datum gelegener. Ums Bier ging es dabei nicht. Sie wollten sich damals gegen Gebietsansprüche ihrer einnehmenden Freisinger Nachbarschaft absichern. Freilich konnten sie nicht ahnen, dass diese Urkunde im 20. Jahrhundert den Anspruch, die älteste Brauerei der Welt zu sein, begründen sollte.

Nach dem Klostersturm von 1803 wurde Weihenstephan von den Wittelsbachern in eine Landwirtschaftsschule umgewandelt und später zur Lehrstätte der »Königlich Bayerischen Akademie« ernannt. Heute gehört sie der Technischen Universität München an und gilt als der Welt berühmteste Hochschule für Landwirtschaft und Brauwesen. Dem Bier scheint's nicht zu schaden, dass die Brauerei als einzige Bayerns dem Kultusministerium untersteht.

Nonnen und Gerstensaft

Viele Mönche waren früher Analphabeten. Die Kunst des Lesens und Schreibens pflegten vor allem die Nonnen. Darüberhinaus leisteten die Frauen bedeutende Forschungsarbeit auf dem Gebiet der Pflanzenkunde. Eine berühmte Gelehrte war die Benediktinerin Hildegard von Bingen. Ihre mittelalterliche Heilkunde ist heute wieder hochaktuell. Dem Gerstensaft war die fromme Klosterfrau keineswegs abgeneigt, denn sie stellte fest: »Das Bier ... macht das Fleisch des Menschen durchwachsen und gibt seinem Antlitz eine schöne Farbe durch die Kraft und den guten Saft des Getreides.« Einen ihrer Ratschläge sollte man aber lieber nicht mehr ernst nehmen: Sie empfahl ihren Zeitgenossen, lieber Bier statt Wasser zu trinken!

In zwei niederbayerischen Frauenklöstern, Mallersdorf und Ursberg, wird das Bier heute sogar von Klosterschwestern selbst gebraut. Schwester Doris aus Mallersdorf, eine gestandene Braumeisterin, ist inzwischen schon beinahe ein Medienstar.

Frauen und Bier

Bier wurde schon im Alten Ägypten hergestellt – und zwar von Frauen. Den Frauen glückte die geheimnisvolle Verwandlung von Brotteig und Wasser in Alkohol erstaunlicherweise viel häufiger als männlichen Brauern.

Heute haben Wissenschaftler dafür eine plausible Erklärung: Jeder Mensch sondert, vor allem bei großer Hitze, Hefezellen über die Haut ab. Frauen scheiden jedoch hormonell bedingt mehr aus als Männer. Beim Kneten des Brotteigs, der früher für die Bierherstellung gebraucht wurde, übertrugen sich mehr Hefepilze, wenn eine Frau am Werk war und das Gebräu kam leichter zur Gärung. Die Hefezellen lösen den Stoffwechselprozess aus, der Getreidemaische zu Alkohol vergären lässt. Erst dieser Vorgang verwandelt das Gebräu in die lebendige Flüssigkeit, die wir Bier nennen. Ein Geheimnis, das man über Jahrtausende nicht entschlüsseln konnte.

Biermägde

Göttliches Bier

Das ehemalige Zunftzeichen der Bierbrauer zeigt, dass Bier in früheren Zeiten nicht nur als ein Produkt der Handwerkskunst angesehen wurde. Man vermutete, dass das Gelingen des Gebräus von der Gunst höherer Mächte abhängt.

Das Zunftzeichen der Brauer ist ein sechszackiger Stern, ein altes Symbol der Alchemie. Es steht für die Vereinigung von Materie und Geist, den gegensätzlichen Polen des Universums. Bei der Gärung verwandelt sich irdische Materie, die Getreidemaische in etwas Geistiges, den Alkohol. Hinter diesem unerklärbaren Vorgang sah man früher in allen brauenden Kulturen einen Beweis für den göttlichen Ursprung des Biers.

Bier und Aberglaube

Je unhygienischer die Verhältnisse sind, desto eher kommt es vor, dass das Gebräu anstatt zu gären »umkippt«. Dafür sind Milchsäurebakterien verantwortlich, die das Bier in Essig verwandeln können. Erst im 19. Jahrhundert deckte die Mikrobiologie diese Zusammenhänge auf.

Im Mittelalter gab der mysteriöse Gärungsprozess Anlass zu regem Aberglauben und verschiedenen Deuteleien. So der »Menstruationskomplex«: die Anwesenheit von Frauen im Braukeller während ihrer monatlichen Regel würde das Bier in Essig verwandeln, glaubte man. Solche Behauptungen bargen für die Männerwelt Vorteile. Spätestens sobald es ums Geld ging, dienten auch solche Argumente dazu, um das Brauen endgültig zur Männersache zu erklären.

Um sich gegen Misserfolge zu schützen, mangelte es nicht an absonderlichen Rezepten. Man scheute sich nicht, mit den abenteuerlichsten Zutaten zu experimentieren. So behauptete man beispielsweise, der Strick eines Gehenkten unter dem Sudkessel würde die Gärung begünstigen. Makabrer Hintergrund: Mit dem Angstschweiß sondern sich tatsächlich überdurchschnittlich viele Hefepilze ab und so mag diese schauerliche Empfehlung auch noch ihre Berechtigung gehabt haben.

Solange man in jedem mittelalterlichen Haushalt Bier herstellte, wurden Frauen in den Zeiten der Inquisition wegen angeblicher Bierhexerei auf grauenvolle Weise gefoltert und getötet. Dabei musste das Bier nicht einmal misslungen sein. Für einen Verdacht genügte es schon, wenn es zu häufig gelang. Wer beispielsweise in der Nähe einer Bäckerei braute, wo es in der Luft viel Anflughefe gab, konnte auf dem Scheiterhaufen landen. Die letzte Verbrennung einer solch »vermaledeiten Brauhex« fand 1591 in der Mark Brandenburg statt. Eine Münchener Brauersgattin namens Kaltenecker wurde 1589 der Hexerei bezichtigt und die Brauerei »von Gerichts wegen« geschlossen. Die Frau verschwand spurlos und die Stätte wurde fortan als Hexenhaus gemieden.

Noch Ende des 19. Jahrhunderts musste sich ein Brauer aus Ravensburg gegen die Anschuldigungen neidischer Konkurrenten zur Wehr setzen. Ihm wurde nachgesagt, er beherberge einen Molch, der sein Bier saufe, es dann wieder von sich gebe, um es für den Ausschank süffiger und berauschender zu machen.

Geheimrezepte

Justus Stengel, ein Braumeister des 17. Jahrhunderts, empfahl eine selbst abgehäutete Schlangenhaut unter ein Fass Bier zu legen. Moderne Pharmazeuten haben im Rahmen der Drogenforschung entdeckt, dass die Haut mancher Reptilien halluzinogene Substanzen enthält. Vor diesem Hintergrund könnte es sich bei Braumeister Stengel durchaus um einen mittelalterlichen Drogenexperten gehandelt haben. So gesehen entsprang auch William Shakespeares Hexenrezept aus dem Drama »Macbeth« vielleicht nicht nur der dichterischen Fantasie:

»Um den Kessel dreht euch rund,
werft das Gift in seinen Schlund.
Kröte, die im kalten Stein
Tag' und Nächte dreimal neun,
zähen Schleim im Schlaf gegoren,
sollst zuerst im Kessel schmoren ...
Sumpf'ger Schlange Schweif und Kopf
Brat und koch im Zaubertopf:
Molchesaug und Unkenzehe,
Hundemaul und Hirn der Krähe;
zäher Saft des Bilsenkrauts
Eidechsbein und Flaum vom Kauz:
Mächtger Zauber würzt die Brühe,
Höllenbrei im Kessel glühe!«

Betörende Zaubertränke

Um den ursprünglich unangenehm süßen Biergeschmack mit Bitterstoffen zu überdecken, scheuten die Brauer sich nicht mit Tier- und Pflanzenextrakten wie Ochsengalle oder Pottasche und Kienruß zu experimentieren. Um das Aroma zu verbessern mischte man harmlose Kräuter wie Rosmarin, Lorbeer, Gagel, Tannennadeln oder Wacholder bei. Zur Verstärkung der Rauschwirkung hatten sich Pflanzen wie Sumpfporst, Tollkirschen, Hanf und Bilsenkraut bewährt.

Bilsenkraut wurde dem Bier bis ins späte Mittelalter hinein zugesetzt. Dieses Kraut enthält starke Alkaloide, die Halluzinationen auslösen können. In seiner sensibilisierenden Wirkung gilt es als Aphrodisiakum und soll sogar Fluggefühle auslösen können. Bilsenkraut wird seit alters her mit der Hexerei assoziiert und trägt daher den volkstümlichen Namen Hexenkraut. Einmal will man sogar beobachtetet haben, dass sich eine Frau nach dem Genuss von selbst gebrautem Bier in einen Werwolf verwandelte und auf Männer losging. Wenn solche Kräuter nicht die gewünschte Wirkung zeigten, versuchte man es in Böhmen mit ein paar Tropfen Fledermaus-Blut. Das soll nämlich hörig machen!

Mit Sicherheit konnten Bierräusche auch ohne solche Zutaten Konsequenzen haben. Es heißt auch, dass der Genuss von Bier das Eintreten einer ersehnten Schwangerschaft begünstigen könne.

Das »grüne Gold«

Für die keusch lebenden Mönche dürften aphrodisische Beigaben eher verfänglich gewesen sein. Böse Zungen behaupten, sie wären auf den Hopfen nur deshalb aufmerksam geworden, weil sich damit ein impotenzfördernder Schlummertrunk brauen ließ.

Schon Hildegard von Bingen rühmt die beruhigende und blutstillende Wirkung des Hopfens. Als Heilmittel wurde er in den Klostergärten schon seit dem achten Jahrhundert angepflanzt. Im Klosterbier lässt er sich aber erst ab dem 14. Jahrhundert nachweisen. Der Hopfen stammt eigentlich aus Asien und gehört zur Gattung der Maulbeergewächse. Mit der ursprünglich robusten Schlingpflanze hat das hochgezüchtete Klettergewächs, das heute in unseren Breiten angepflanzt wird, aber nur noch wenig gemeinsam.

Anbau und Pflege sind aufwendig. Am besten gedeiht er in den Mulden sanfter Hügellandschaften, die Schutz vor »Windschlag« bieten. »Der Hopfen will jeden Tag seinen Herrn sehen«, sagen die Bauern noch heute. Weil nur weibliche Pflanzen den begehrten Wirkstoff Lupolin enthalten, vergleicht man die Hopfengärten auch scherzhaft mit Nonnenklöstern. Hopfen als Aromastoff hat sich über Jahrhunderte bewährt. Er verleiht dem Bier seinen angenehm bitteren Geschmack und macht es haltbarer. Je mehr dem Bier davon beigemischt wird, desto kräftiger wird sein Schaum.

Mit Hopfen lässt sich heute viel Geld verdienen. Der Hopfen aus der Hallertau gilt als besonders hochwertig und wird inzwischen in die ganze Welt exportiert. In Europa ist die Hallertau das Hauptanbaugebiet des »grünen Goldes«. Selbst die amerikanische Brauerei »Anheuser-Busch«, die größte der Welt, unterhält dort eine Hopfenfarm.

Heute erleichtern Maschinen die Ernte. Ein Hof kommt dabei mit vier bis fünf Arbeitskräften aus. Früher musste Dolde für Dolde in mühseliger Handarbeit abgezupft werden. Bis zu 40.000 Helfer, eine ganze Völkerwanderung, strömte jedes Jahr zur Hopfenernte in die Hallertau. Nicht alle Helfer wurden freudig empfangen. Es kamen »Leute aus aller Herren Länder, Waldler, Böhmen, Preußen und Sachsen, verunglückte Studenten, verkrachte Adelige, Münchener Luki und Strizzi, professionelle Landstreicher«, hieß es in einer Ausgabe der »Auer Chronik« aus dem vorigen Jahrhundert. Jedes Jahr zur Hopfenernte stieg die Kriminalität in dieser Region und die Gefängnisse seien zur Erntezeit immer überfüllt gewesen.

Bier-Heilige

Darstellungen vom Heiligen Florian, dem Schutzheiligen der Feuerwehrsleute, zieren viele Häuser und Höfe der Hallertau. Er gilt auch als Schutzpatron der Bierbrauer. In der Münchener Peterskirche steht ein Floriansaltar, vor dem alle zwei Jahre eine Messe eigens für die Bierbrauer abgehalten wird. Wie der Florian zum Brauerstand kam, erklärt sich so: Nirgendwo in den mittelalterlichen Städten brannte es häufiger als in den Brauereien, wo die riesigen Holzsudkessel befeuert wurden, und weil die Brauer zum Löschen meist gleich an Ort und Stelle waren, rekrutierte sich aus ihnen die öffentliche Feuerwehr.

Gambrinus – Schutzheiliger des Biers

Neben Florian verehrt man in Bayern auch den Sagenkönig Gambrinus als Schutzheiligen des Biers. Er soll im 16. Jahrhundert in Flandern gelebt haben und dort den Hopfen für das Bier entdeckt haben – für das flandrische Bier mag das zutreffen. In Bayern waren ihm die Mönche mit Sicherheit um 200 Jahre voraus.

Das erste Lebensmittelgesetz der Welt

Erst der reißende Absatz des Klosterbieres zeigte den Fürsten, dass sich mit Bier aus hochwertigen Grundstoffen gute Geschäfte machen ließen. Diese Geldquelle wollten sich die weltlichen Machthaber natürlich nicht entgehen lassen.

1487 erließ Herzog Albrecht IV. für die Stadt Mün-

Herzog Wilhelm IV. formulierte mit seinem Bruder Ludwig X. das Reinheitsgebot.

chen eine Braubestimmung. Sie legte fest, aus welchen Stoffen Bier hergestellt werden sollte und wie lange es gären durfte. Um den Absatz zu sichern wurde dann ein Preisgesetz erlassen, wie es schon für Brot existierte. Es garantierte, dass Bier für jedermann erschwinglich blieb. Damit wurde das Bier auch außerhalb der Klöster in den Status eines Grundnahrungsmittels erhoben.

1493 erließ Herzog Georg der Reiche in Landshut eine Brauvorschrift für Niederbayern. Nach der Wiedervereinigung der ober- und niederbayerischen Lande formulierten die bayerischen Herzogsbrüder Ludwig X. und

Wilhelm IV. in Ingolstadt im Jahr 1516 das erste Lebensmittelgesetz der Welt. Wir nennen es heute Reinheitsgebot: »Wir wollen auch sonderlichen, das füran allenthalben in unseren Stettn, Märckten und auf dem Lande zu keinem Pier merer Stuckh dann allain Gersten, Hopfen und Wasser gepraucht und genommen werden sölle.«

Das Reinheitsgebot diente nicht allein dem Schutz der öffentlichen Gesundheit sondern auch wirtschaftspolitischen Interessen. Sobald es genaue Zutaten- und Mengenvorschriften gab, ließen sich zur Aufbesserung der Staatskasse auch Steuern erheben. Die Erlaubnis zum kommerziellen Brauen wurde vom Herzog erteilt; zur Qualitätssicherung wurden offizielle Bierbeschauer eingesetzt, die die Ware »Bier« kontrollierten.

Bierpanscher

Manche Brauer nahmen es mit den neuen Vorschriften nicht so genau, was empfindliche Strafen zur Folge hatte. Die Redewendung »das schlägt dem Fass den Boden aus« geht auf die wenig zögerliche Praxis herzoglicher Bierbeschauer angesichts minderwertigen Bieres zurück. Abraham a Santa Clara, berühmt für seine drastischen Predigten, wetterte im 17. Jahrhundert gegen die Panscherei sogar von der Kanzel herunter:

»Bei manchem Bräuer aber findet man so kraftloses Bier, dass die Regentropfen, sofern sie ihren Weg nur über die Schindeln nehmen, eine bessere Kraft in sich halten. Auch findet man manche ›Braumeister‹, die einen so liederlichen Trank machen, dass solcher mehr schädlich als nützlich ist und oft in dem menschlichen Leib nicht besser hauset als ein Regiment Husaren in einem Land.«

Schlechtes Bier verursacht Kopfschmerzen, Übelkeit und Durchfall. Es konnte auch weitaus tragischere Folgen haben, wie ein Unglücksfall aus dem Jahr 1800 beweist. Dreizehn Besucher eines Schützenfests in Pfarrkirchen kamen zu Tode, weil ihnen verdorbenes Bier ausgeschenkt worden war. Der Braumeister konnte damals nicht mehr zur Verantwortung gezogen werden. Nach dem Genuss seines Gebräus hat er selbst das Zeitliche gesegnet.

Die Geisterburg Stockenfels

Der Zorn der Bayern kannte, wenn es ums Bierpanschen ging, nicht einmal irdische Grenzen. Mit unredlichen Braumeistern und betrügerischen Wirten, wurde, einer Sage zufolge, auch noch im Jenseits abgerechnet. Als Ort ewiger Verdammnis galt Burg Stockenfels bei Regensburg. Stockenfels soll früher die einzige Burg Bayerns mit einer eigenen Brauerei gewesen sein. Seit diese 1618 in den Nachbarort Fischbach ausgelagert wurde, galt das Gemäuer als gruselige Heimstätte spukender Bierfälscher-Seelen.

In der nächtlichen Burgruine soll sich um Mitternacht ein abschreckendes Schauspiel zutragen: Kettenrasseln und klappernde Eimer kündigen missmutige Brauerseelen an, die begleitet von Eulen und Fledermäusen, zur ewigen Beschäftigung antreten. Jammern, Schreien und wildes Fluchen seien zu vernehmen, wenn die bedauernswerten Geister zur Strafe für verpanschtes Bier Nacht für Nacht unendlich viele Eimer Wasser aus dem Burgbrunnen schöpfen müssen.

Wer also weiterhin zu viel Wasser ins Bier kippte, den Durst argloser Bayern mit Pottasche und die berauschende Wirkung des Biers mit Kienruß und Mohnsaft zu steigern suchte, wer statt Hopfen unverbesserlich Kälberfüße und Ochsengalle im Bier sott, musste sich darauf gefasst machen als schwitzender Geist bis in alle Ewigkeit auf Stockenfels zu büßen.

Widerspenstige Weißbiertrinker

Das Weißbier stellt eine Ausnahme zum Reinheitsgebot dar, weil es aus Weizen und nicht aus Gerste gebraut wird. Weißbier ist ein obergäriges Bier. Das bedeutet, dass die Hefe während des Gärprozesses obenauf schwimmt. Früher kannte man in Bayern nur obergäriges Bier. Dieses konnte das ganze Jahr über hergestellt werden, weil es keine kühlen Gärtemperaturen benötigt. In den heißen Sommermonaten bildeten sich in den offenen Gärbottichen jedoch vermehrt Bakterien; so kam es oft vor, dass dieses Bier verdarb oder sogar Erkrankungen verursachte.

Die untergärige Brauweise mit Gerste wurde erst später in Bayern eingeführt. Beim untergärigen Bier lagert sich die Hefe auf dem Grund des Gärbottichs ab. Es gärt nur bei niedriger Temperatur und konnte früher, mangels Kühltechnik, nur in den Wintermonaten hergestellt werden; daher auch die Bezeichnung »Winterbier«. Der Vorteil des untergärigen Biers lag darin, dass es länger haltbar war. Nachdem man die untergärige Brauweise kennen gelernt hatte, versuchte die Obrigkeit das Weißbier als schädliches und unnützes Getränk mittels vierfacher Besteuerung vom Markt zu fegen. Als unnütz erschien es deshalb, weil dafür Weizen, das wertvollste Brotgetreide, verwendet wurde.

Doch die Weißbiertrinker ließen sich nicht bekehren.

Der Grund war, dass jedes Jahr im Sommer das untergärige Winterbier zur Neige ging. Obwohl es länger haltbar war, ließ es sich damals dennoch nicht den ganzen Sommer über konservieren. Bevor man auf dem Trockenen saß, produzierte man lieber teures Weißbier.

Weißbiermonopol und Steuertrick

Diesen Umstand nutzte Herzog Maximilian I. geschickt zum eigenen Vorteil. Der bayerische Staat war zu Beginn des 17. Jahrhunderts hoch verschuldet; überall musste gespart werden. Um die maroden Staatsfinanzen aufzubessern, kam Maximilian I. das Weißbier gerade recht.

Von den Freiherren von Degenberg aus Kelheim wusste er nämlich, dass ein guter Braumeister auch einwandfreies Weißbier brauen konnte. Mit dem Wissen der Degenbergs ließ er die Brautechnik verbessern und erklärte das Weißbierbrauen ab 1605 zu seinem Monopol. So konnte er systematisch verhindern, dass ihm andere Brauer bei seinem Plan in die Quere kamen: Um die Ware richtig einzuführen, reduzierte er die Steuern für das begehrte Getränk zunächst drastisch. Nachdem der Konsum in der Bevölkerung angestiegen war, hob er die Abgaben wieder kräftig an. Die Bürger blieben bei ihren Trinkgewohnheiten und so leistete manche Weißbierbrauerei jährlich über 100.000 Gulden Steuerzahlungen. Für eine solche Summe mussten immerhin eineinhalb Millionen Maß Weißbier verkauft worden sein.

Waffen dank Weißbier

Die Staatskasse war bald saniert und es gab wieder genug Geld. Geld für Waffen! Vor allem die Weißbiertrinker haben für Bayern den Dreißigjährigen Krieg finanziert. Ebenso die späteren Feldzüge gegen die Türken; »Türkensteuer« nannte man deshalb im Volksmund den Bieraufschlag. Kein Wunder, dass die Bayern auf Bierpreiserhöhungen immer recht empfindlich reagierten: Wurde das Bier teurer, drohten schlechte Zeiten.

Den Klöstern, brachte das »Weißbiermonopol« hohe Verluste. Sie durften kein Weißbier verkaufen, blieben aber auch auf ihrem Braunbier sitzen, weil eben das Weißbier in Mode war.

Fromme Zecher – eitle Fräulein

1798 hob Kurfürst Karl Theodor das Weißbiermonopol auf. Damit verlor das Getränk schlagartig seinen exklusiven Charakter. Nun fand das Klosterbier wieder reißenden Absatz. Doch dieser Segen sollte nicht mehr lange andauern. Die Epoche der Aufklärung hatte begonnen, Prunk und Pracht der im Laufe von Jahrhunderten angesammelten kirchlichen Reichtümer forderten die neuen Freigeister heraus. Die Ausschweifungen vieler Klosterinsassen provozierten die Verfechter eines neuen Freiheitsbegriffs. Das Bild des spartanischen Mönchs verwandelte sich in dieser Zeit ins Klischee eines wohlgenährten, feisten Zechers.

Der Hopfen im Bier regt den Appetit an und bei eifrigem Biergenuss setzt man rasch barocke Rundungen an. Bier soll einen rosigen Teint, straffe Haut und glänzendes Haar verleihen, was zumindest bei äußerlicher

Anwendung gelten mag. Doch wahre Schönheit kommt von innen, dachten sich wohl die bayerischen Hofdamen und zeigten sich beim Bierkonsum wenig zimperlich. In der kurbayerischen Kellerordnung sah man sich schließlich genötigt, die adeligen Fräulein zu ermahnen: Sie mögen doch tagsüber nicht mehr als vier und abends nicht über drei Maß Bier trinken, weil alles Weitere wahrhaft unschicklich sei!

Sakrale Pracht dank Gerstensaft

Das Bier diente früher aber nicht nur der Verköstigung und der Kosmetik. Auch die Kunst sollte davon profitieren. Die prachtvollen Stuckverzierungen des Barock und Rokoko wären ohne Gerstensaft wahrscheinlich weniger haltbar geblieben. Jeder Stuckateur hatte früher sein verschwiegenes Rezept für die Zubereitung der Gipsmixtur, aus der der Stuck besteht. Aber es war ein offenes Geheimnis, dass sich Bier hervorragend eignete, um die Masse bindend zu machen. So haben die üppigen, bayerischen Klosterkirchen einen Teil ihrer Pracht auch dem Bier zu verdanken. Mit der sakralen Pracht war es vorüber als König Maximilian I. Joseph 1799 einen neuen Staatsminister ernannte, dem er die Leitung der gesamten Politik übertrug.

Das Ende der Klosterbrauereien

Maximilian Graf Montgelas reformierte den bayerischen Staat. Im Jahr 1803 begann der große Kirchensturm der Säkularisation. Die Enteignung kirchlichen Besitzes bedeutete das vorläufige Ende der bayerischen Klöster und damit auch der Klosterbrauereien. Die Klöster wurden geplündert und viele Kunstschätze zerstört. Aus Kirchen wurden nicht selten Pferdeställe. Besonders hart traf es die Klosterbibliotheken. Alle Bücher wurden entfernt und in die neu erbaute Bayerische Staatsbibliothek geschafft. Die Aktion musste in wenigen Tagen vonstatten gehen und so gestalteten sich die Transporte nicht gerade behutsam. In den Tagen der Bibliotheksräumungen regnete es in Strömen und ganze Pferdefuhrwerke mit wertvollen, jahrhundertealten Schriften versanken im Schlamm.

Gegenüber anderen Teilen Deutschlands ging die Säkularisation in Bayern dennoch vergleichsweise glimpflich über die Bühne. Wenn auch die Besitztümer eingezogen, gepfändet oder geplündert wurden, so räumte man vielen Klosterinsassen doch noch ein Bleiberecht in den aufgelassenen Klostergebäuden ein, einigen Orden wurden Mitte des 19. Jahrhunderts ihre Besitztümer sogar zurückerstattet. Daher gibt es in Bayern auch heute noch einige Klosterbrauereien. Um deren kommerzielle Interessen zu wahren, darf sich heute nicht mehr jede Brauerei auf klösterlichem Grund »Klosterbrauerei« nennen. Diese Bezeichnung ist, laut Gerichtsbeschluss, an zwei Bedingungen geknüpft: Erstens muss die Brauerei auf Klostergrund stehen und zweitens müssen dort noch Klosterinsassen leben. So gesehen sind in Bayern von einstmals fünfhundert »Klosterbrauereien« gerade noch ein Dutzend übrig geblieben.

Bier und blaues Blut

Die Familie von Aretin profitiert heute noch, wie so mancher Adels-Clan, von den damaligen Enteignungen. Für die blaublütigen Ahnen hatten Montgelas' Staatsreformen von 1803 aber zunächst bittere Konsequenzen – den Verzicht auf das Privileg höfischer Apanagen.

Mit letzten Ersparnissen ließ sich Baron Johann Adam von Aretin 1811 im niederbayerischen Schloss Haidenburg nieder, nahe beim Kloster Aldersbach. Für einen Spottpreis erwarb er die altehrwürdige Klosterbrauerei. Das Kloster selbst war schon 1146 von Zisterziensern gegründet worden. Seit dem 13. Jahrhundert sollen die Mönche hier ein hervorragendes Klosterbier gebraut haben, das dem der Benediktiner in nichts nachstand.

Als Baron von Aretin Anfang des 19. Jahrhunderts das Brauhaus übernahm, war es von seinem weltlichen Vorbesitzer schon sehr heruntergewirtschaftet worden. Doch Aretin und seinen Nachfahren gelang es, daraus ein blühendes Unternehmen zu machen. Die Aldersbacher Brauerei ist heute ein besonderes Schmuckstück unter den Brauereien.

Vom Handwerk zur Computertechnologie

Das Brauhandwerk hat in über 1000 Jahren sein Erscheinungsbild verändert. Die modernen Bierfabriken unserer Zeit haben nichts mehr mit den klösterlichen Experimentierkellern des Mittelalters gemeinsam. Bierbrauen ist in den letzten Jahrzehnten durch modernste Technologie zum High-Tech-Vorgang geworden. Jeder Arbeitsschritt wird per Computer überwacht und via Maus-Klick gesteuert.

Zwischen Glas, Chrom und Stahl sieht man Bier nur noch durch Schaugläser fließen. Man riecht es kaum noch, hört es selten brodeln und zischen. Überall herrscht peinliche Sauberkeit, die an die Sterilität wissenschaftlicher Labors erinnert. Das »Lebewesen« Bier wird heute, abgeschirmt gegen Umwelteinflüsse, in riesigen glänzenden Gefäßen erzeugt.

Klosterbier dank Ehezwist

In der Klosterbrauerei Reutberg, in der Nähe von Bad Tölz, pflegt man auch heute noch liebevoll seit Generationen überlieferte Handwerkskunst. Die Reutberger Braustätte ist ein Genossenschaftsunternehmen, dem 2000 Mitglieder angehören. Gemeinsames Ziel ist es, alte Brautraditionen zu erhalten. Deshalb dampft das Reutberger Bier noch wie anno dazumal in offenen Sud-

Maischbottich

kesseln und gärt in unverschlossenen Bottichen. Vieles erledigt man per Hand und nach Gefühl. Auf Wunsch wird das Bier sogar noch in Eichenholzfässer abgefüllt, deren Innenwände – wie früher – mit flüssigem Pech versiegelt werden. Dieses sogenannte Pichen fördert die Haltbarkeit des Bieres und verleiht ihm eine besondere Geschmacksnote.

Die Geschichte dieser verhältnismäßig jungen Klosterbrauerei reicht in die Mitte des 17. Jahrhunderts zurück. Der Grund für die Gründung des Klosters war ein unsolider Ehemann: 1618 tat Gräfin Papafaba aus dem Nachbarsort Reichersbeueren ein Gelübde. Sie schwor bei Gott einen Berg zu »reuten« (= roden) und darauf ein Frauenkloster zu errichten, wenn sie das von ihrem Gemahl veruntreute Vermögen zurückbekommen würde.

Das Brauen führten dann die Franziskanerinnen ein. Weil ihnen der Gerstensaft aus Tölz zu teuer war, erbaten sie 1677 das Brau- und Schankrecht. Die Arbeit überließen die Reutberger Nonnen dann aber lieber einem Frater namens Ägidius. Mit dem Ägidius-Trunk, einem unfiltriertem Starkbier nach traditionellem Rezept, erinnert man noch heute an ihn.

Dank seiner 1000-jährigen Kloster-Brautradition und dem Reinheitsgebot der Wittelsbacher ist Bayern zum gelobten Land des Gerstensafts geworden. Bier galt den Bayern früher als Gottesgabe und Grundnahrungsmittel und bescherte ihnen sogar eine »fünfte Jahreszeit«, obgleich das Kirchenjahr das gar nicht vorschreibt. Ob die Uhren hierzulande anders gehen?

Vielleicht wurde diese fünfte Jahreszeit auch nur erfunden, um die Gemütlichkeit bei einer kühlen Maß im Biergarten umso ausgiebiger zu genießen. Typisch bayerisch wär's schon – und vielleicht ein Beweis dafür, dass Bier hierzulande anscheinend doch von großer Bedeutung ist – eben ein das fünfte Element!

Die Bierbarone

Auf der Münchener Theresienwiese, zu Füßen des mächtigen Standbilds der Bavaria, gerät so mancher Oktoberfestbesucher wegen des süffigen Biers schon mal ins Wanken. Das stattliche Sinnbild Bayerns, erschaffen vom königlichen Erzgießer Ferdinand von Miller, der dafür Dutzende von türkischen Beutekanonen einschmelzen ließ, bewahrt dagegen seit 1850 unverminderte Standfestigkeit.

Marmorbüsten in der Ruhmeshalle hinter der Bronzefigur erinnern an Persönlichkeiten, auf die man hierzulande stolz ist. Wer mit der bayerischen Mentalität vertraut ist, wird sich nicht wundern, dass an dieser weihevollen Stätte, zwischen Staatsmännern, Gelehrten und Künstlern auch ein Mann verewigt ist, der sich

Der Bierbreuwer.

Auß Gersten sied ich gutes Bier/
Feißt vnd Süß/auch bitter monier/
In ein Breuwkessel weit vnd groß/
Darein ich denn den Hopffen stoß/
Laß den in Brennten külen baß/
Damit füll ich darnach die Faß
Wol gebunden vnd wol gebicht/
Denn giert er vnd ist zugericht.
M iij

Die Bierbrauer

ums Münchener Bier verdient gemacht hat: Joseph Pschorr.

Pschorr war der reichste Mann, blieb aber nicht der einzige, der im Biergeschäft des frühen 19. Jahrhunderts Ruhm erwarb. Als Pioniere der Münchener Brauindustrie eroberten sich Franz Xaver Zacherl mit der Paulanerbrauerei, Gabriel Sedlmayr, der Eigentümer des Spatenbräu, Anton und Therese Wagner mit der Augustiner-Brauerei und Ludwig Brey von Löwenbräu ihren Platz im Reich der Bierbarone.

Fürstenhochzeit, Landluft und Freibier

Das Münchener Oktoberfest ist Ausdruck von Traditionsbewusstsein, Gastfreundschaft und Lebensfreude. Sechzehn Tage lang fließt in den riesigen Festzelten ein unaufhörlicher Bierstrom in die Kehlen der trinkfreudigen Besucher. In bierseligen Hymnen huldigen Einheimische und Gäste aus aller Welt dem bayerischen Nationalgetränk. Der Maßkrug in der Hand wird für zwei Wochen im trunkenen, kollektiven Freudentaumel zum Medium der Völkerverständigung.

Das erste Oktoberfest feierte man, als Kronprinz Ludwig am 12. Oktober 1810 die schöne Therese von Sachsen-Hildburghausen zur Frau nahm. 30.000 jubelnde Münchener huldigten dem frisch gebackenen Brautpaar. Als wohlkalkulierte Gegenleistung gab's in der ganzen Stadt Freibier und zum Schluss auf dem Festplatz ein Pferderennen. Die Münchener tauften die Festwiese nach der Braut in Theresienwiese um und feierten seitdem regelmäßig mit Landwirtschaftsschau und Pferderennen – aufs Freibier mussten sie in Zukunft allerdings verzichten.

Ab 1815 erlaubte man einigen Wirten den Bierausschank auf der Theresienwiese in primitiv zusammengezimmerten Bretterbuden. Dazwischen weideten Kühe und die Misthaufen stanken zum Himmel, was die Besucher jedoch herzlich wenig störte. Neben dem Bierausschank zog eine wachsende Anzahl kleiner und großer Attraktionen die Leute an. 1818 wurden die ersten Karrussels aufgestellt, der Bierkonsum stieg von Jahr zu Jahr. 1835, zum fünfunfzwanzigjährigen Jubiläum des Oktoberfestes, das mit Wettkämpfen und Schützenfest gefeiert wurde, gab es einen ersten Besucherrekord: 100.000 Besucher genehmigten sich 250.000 Maß Bier.

1865 beschrieb der Korrespondent Nudelmüller seine Eindrücke vom Oktoberfest-Treiben im »Lustigen Volkskalender«: »Um Punkt zwei begann das Fest. Die größten Ochsen, die ich je gesehen. Die Anhöhe und die Wiese sind dicht gefüllt. Bier aus tausend Fässern ... Bavaria jubelt ... Endlose Kneiperei ... Ganz München – ein Bierfass.«

Der bayerische Herkules

In Bayern gehen die Uhren bekanntlich anders. So beginnt das Münchener Oktoberfest jedes Jahr im Monat September. Zur prunkvollen Eröffnung gehören traditionellerweise schwere, kaltblütige Pferde, die ihre gewichtigen Brauherren samt geschmückten Bierwägen aufs Oktoberfest ziehen.

Den ersten Wies'n-Einzug hielt 1879 ein Münchener Original, der Steyrer Hans. Er besaß in der Stadt mehrere Gaststätten, in denen er Athleten und Kraftmenschen um sich scharte, denn er galt als der stärkste Mann der Welt. Als Gewichtheber war er weit über die Grenzen

Bayerns hinaus berühmt. Selbst in Berlin, Wien, Amsterdam und Paris sorgte der bayerische Herkules mit seinen Kraftakten für Furore. Seine Schnupftabakdose habe zwei Zentner gewogen und mit dem Zeigefinger der rechten Hand soll er einen Stein von 528 Pfund Gewicht gehoben haben – erzählt man sich.

Von 1879 an war er Wies'nwirt der Pschorrbrauerei. Um seine Festbude möglichst populär zu machen, kutschierte er samt Familie am ersten Wies'ntag im Vierspänner stolz Richtung Theresienwiese. Es folgten sieben prächtig geschmückte Zweispänner mit Personal und Musikanten. Doch bereits im Tal ging die Polizei dazwischen und die Geschichte des ersten Wies'neinzuges endete vorerst mit einem Gerichtsverfahren wegen Störung der öffentlichen Ordnung und Sicherheit. Die Popularität des Steyrer Hans konnte das jedoch nicht schmälern und der Einzug der Festwirte ist trotzdem Tradition geworden.

Geschlossene Gesellschaft

Wer als Festwirt einziehen darf, unterliegt besonderen Gesetzmäßigkeiten, die nicht jedem einleuchten. Der Wittelsbacher Prinz Luitpold von Bayern, hat sich auf Schloss Kaltenberg zwischen Landsberg und Fürstenfeldbruck als Brauherr etabliert. Seit dem Mittelalter waren über 70 bayerische Brauereien im Besitz des ehemaligen Herrschergeschlechts. Ungeachtet dieser langen Familientradition verweigert man jedoch dem Prinzen den Ausschank seines Biers auf dem Oktoberfest. Es scheint dabei keine Rolle zu spielen, dass einige Meilensteine der bayerischen Bier-Geschichte von den Wittelsbachern gesetzt wurden: Luitpolds Vorfahr, Herzog Wilhelm IV. verkündete 1516 das Reinheitsgebot. Maximilian I. gründete das Hofbräuhaus und das größte Bierfest der Welt wäre ohne König Ludwig I. kaum denkbar.

Das Oktoberfest war urspünglich ein bayerisches Nationalfest. Niemand hatte etwas dagegen, dass auch Brauereien aus dem Umland, beispielsweise aus Großhesselohe oder Tölz, ihre Bierbuden auf der Theresienwiese aufstellten. Das änderte sich erst nach dem Zweiten Weltkrieg. Die Stadt hatte wenig Geld, die Münchener Brauereien hatten aber ein großes Interesse daran, das Oktoberfest als Werbeträger zu erhalten, deshalb haben sie das Bierfest eine Zeit lang subventioniert. Aus der zweifellos nicht ganz uneigennützigen Hilfsaktion entstand eine Art Nibelungentreue der Stadt gegenüber den alteineingessenen Münchener Brauereien.

Im Tauziehen um den Bierausschank, zog der blaublütige Bier-Prinz bisher stets den Kürzeren. Da halfen weder Sympathiekundgebungen noch Demonstrationszüge. Die Obrigkeit bleibt stur und Luitpold muss mit seinem Gerstensaft wohl weiterhin vor den Toren des Oktoberfestes versauern. Der Wies'nmaßkrug bleibt als Zepter auch künftig in der Hand der Münchener Bierbarone.

Heute ist das herbstliche Bierfest Münchens Hauptattraktion. Für die Entwicklung der Stadt war die Bierherstellung im 19. Jahrhundert von entscheidender Bedeutung.

Bier wird zur Ware

Als 1817 der bayerische Staatsminister Montgelas von König Maximilian I. Joseph entlassen wurde, jubelte das Volk – denn es gab wieder einmal Freibier. Doch

Montgelas' steuer- und gewerbepolitische Reformen schufen die Basis, auf der sich auch die bayerische Brauindustrie des 19. Jahrhunderts entwickeln konnte: 1804 wurde die alte Zunftordnung abgeschafft und der Zugang zum Brauhandwerk erleichtert. Wer brauen wollte, brauchte jetzt nur noch einen Gewerbeschein.

Durch die Säkularisation gingen viele ehemalige Klosterbrauereien mit ihren Produktionsmitteln in weltliche Hände über. 1806 setzte die Obrigkeit mit dem »Malzaufschlag« eine einheitliche Biersteuer fest. Das Brauwesen wurde nun ein ernst zu nehmender Faktor für die Staatskasse. Um diese Geldquelle nicht zu gefährden, verordnete man 1811 einen einheitlichen Bierpreis, das »Biersatzregulativ«. Der Wettbewerb unter den Brauern blieb dadurch vorerst noch eingeschränkt. Volle Gewerbe- und Wettbewerbsfreiheit sollte erst 1868 herrschen, als diese Verordnung wieder aufgehoben wurde.

Mit der Reichsgründung 1871 kam es zur Vereinheitlichung der Maße und Gewichte. Das hatte zur Folge, dass die Malzmengen nicht mehr in Scheffeln, sondern in Hektolitern gemessen wurden. Ab dem 1. Januar 1872 verringerte sich die Menge einer Maß Bier von 1,069 Litern auf einen Liter. Das Exportgeschäft begann sich zu entwickeln, da auch die Zollschranken innerhalb des deutschen Reiches fielen.

Die Lockerung vieler Bestimmungen schuf Freiraum für unternehmerische Eigeninitiative. Im 19. Jahrhundert wurde Bier zum Konsumartikel der Massen. Aus dem »flüssigen Brot der Mönche« wurde »flüssiges Brot fürs Volk«. Voraussetzungen dafür waren aber nicht allein staatliche Reformen, sondern auch technische Erfindungen, neue wissenschaftliche Erkenntnisse und Pioniergeist.

Franz Xaver Zacherl – ein bayerischer Dickschädel

Zur ersten Generation der Bierbarone gehörte Franz Xaver Zacherl. Ursprünglich war er Koch. Nach einer Brauerlehre kam er 1799 durch seine Heirat mit Elisabeth Schmederer in den Besitz des Hallerbräu. 1813 erwarb er, nach siebenjähriger Pacht der Klosterbrauerei, das gesamte Areal des Paulaner-Klosters Neudeck in der Au, wo später eine moderne Großbrauerei entstehen sollte. Mit diesem Kauf erwarb Zacherl auch das Recht, ein doppelt eingebrautes Luxusbier, den Salvator auszuschenken. Es wurde nach einer streng geheim gehaltenen Rezeptur der Paulanermönche gebraut, die sich nun in seinen Händen befand.

Durch die aufwendige Brauweise waren die Herstellungskosten für den »Salvator« höher als für gewöhnliches Bier, was in Zacherls Augen einen entsprechenden Preis rechtfertigte. Das verstieß jedoch gegen das »Biersatzregulativ« und es entbrannte ein regelrechter Papierkrieg mit dem Finanzamt, den seine neidischen Konkurrenten fleißig schürten. Zacherl blieb stur. Sechzehn Jahre lang kämpfte er beharrlich gegen den Amtsschimmel für sein Luxusbier. Schließlich wandte er sich direkt an König Ludwig I., der endlich, am 25. März 1837, den höheren Preis bewilligte. Der Name »Salvator« wurde erst im Jahr 1899, lange nach Zacherls Tod, vom kaiserlichen Patentamt zum geschützten Warenzeichen erklärt. Bis dahin nahm die Konkurrenz den Namen immer wieder für eigene Starkbierexperimente in Anspruch.

Den Fortbestand der »fünften Jahreszeit«, der Starkbierzeit, haben die Bayern Franz Xaver Zacherl zu verdanken. Zur Prüfung des »Zacherl-Öls«, wie Zeitgenossen dieses Starkbier genießerisch nannten, kannte man früher eine ebenso einfache wie zuverlässige Methode: Eine Holzbank wurde mit »Salvator« bestrichen, auf der einige Männer in Lederhosen Platz nahmen und warteten bis das Bier getrocknet war. Blieben die Krachledernen schließlich an der Holzbank »pappen«, war der »Salvator« stark genug!

Der benebelte Kurfürst

Auf die berauschende Wirkung dieses Trunks, der urspünglich als Fastenzehrung diente, hofften 1796 auch die Bürger der Au. Schon damals war es Sitte, dem Landesvater die erste Maß »Salvator« zu kredenzen. Das war die beste Gelegenheit um Kurfürst Karl Theodor eine Bitte vorzutragen. Und tatsächlich: Leicht benebelt und heiter gestimmt, erteilte der Kurfürst die Erlaubnis, einen Jahrmarkt abzuhalten. Seither findet regelmäßig vor dem Kloster Neudeck die »Auer Dult«, Münchens beliebtester Trödelmarkt, statt.

Widerspenstige Brauerstöchter

Zur Gründungszeit der »Auer Dult« galten noch strenge Zunftregeln; das Brauhandwerk zählte zu den sogenannten »radizierten« Gewerben. Das Recht Bier zu brauen war auf eine bestimmte Anzahl von Brauerei-Grundstücken innerhalb der Stadt beschränkt.

Wer Braumeister werden wollte, aber keine Brauerei erben oder kaufen konnte, dem blieb nichts anderes übrig, als sich nach einer »guten Partie« umzusehen. Die Brauerstöchter waren begehrte Heiratskandidatinnen und hatten allen Grund, selbstbewusst und resolut aufzutreten. Einige von ihnen waren ebenso umworben wie gefürchtet und manch eingeheirateter Gemahl musste zähneknirschend zur Kenntnis nehmen, dass er nicht immer Herr der Lage war. Das strenge Regiment der Brauersgattinnen hat selbst innerhalb patriarchalischer Strukturen bleibenden Eindruck hinterlassen. »Die schikaniert ihren Alten wie einen Bräuknecht« wurde eine feste Redewendung.

Der Herrgott der Münchener – Joseph Pschorr

Obwohl Joseph Pschorr aus bescheidenen Verhältnissen stammte, hatte er alle Anlagen zum »Großkopferten«. 1785, im Alter von 15 Jahren, kam er vom elterlichen Hof aus Kleinhadern nach München und erlernte beim »Oberkandlerbräu« sein Handwerk. Acht Jahre später warb der Brauknecht erfolgreich um die Gunst von Marie Theresia, der Tochter des Hackerbräus. Trotz des erheirateten Braurechts scheute er sich nicht, eine Schuldenlast von 34.000 Gulden auf sich zu nehmen, um seinem Schwiegervater die Hacker-Brauerei in der Sendlinger Straße abzukaufen. Nun war er unabhängig und konnte ganz nach seinen eigenen Vorstellungen wirtschaften. 1820 erwarb er bei einer öffentlichen Versteigerung zusätzlich den heruntergewirtschafteten »Bauernhansl-Bräu« in der Neuhausergasse und vier weitere Grundstücke. Hier ließ er einen Neubau errichten, den er »Zum Pschorr« nannte.

Nach 22 Jahren war er der mächtigste und wohlhabendste Brauherr Münchens. Josef Deuringer, ein Kenner der Brauwelt des 19. Jahrhunderts schrieb 1861, »dass einerseits zu Beginn dieses Jahrhunderts die

Mehrzahl der Brauer ihr Geschäft in angeborener, phlegmatischer Gemütlichkeit weiterführen, ... dass andererseits durch die ersten Männer der Erkenntnis und der Intelligenz sich einzelne Brauereien hoch erheben, hoch durch ausgedehnten, bisher nicht geahnten Betrieb, aber auch hoch durch bisher nicht da gewesene Vervollkommnung und Veredelung des Bieres. Was den ersten Punkt anbelangt, so war keinesfalls zu behaupten, dass in Joseph Pschorrs Brauerei geschlafen wurde – von Gemütlichkeit konnte nicht die Rede sein. Er kalkulierte schärfstens und traf ständig Erneuerungs- und Erweiterungsmaßnahmen.«

Um 1820 machten die Biersteuern bereits ein Viertel der bayerischen Staatsfinanzen aus. Joseph Pschorr, den eifrigsten Steuerzahler, beweihräucherte man als den »Herrgott, den die Münchener jetzt anbeten«. In einem Zeitungsartikel aus dem Jahr 1840 ist zu lesen: »Pschorr heißt der Mann, der dem Staat jährlich 70.000 Gulden Malzaufschlag zahlt, dessen Brauhäuser Palästen gleichen, dessen Keller vor den Toren der Stadt wie Festungen aussehen.«

Die Bier-Barone der ersten Generation zeichneten sich dadurch aus, dass sie mit sicherem Geschäftsinstinkt das Potential und die wirtschaftlichen Perspektiven der Brauindustrie witterten. Das wirtschaftliche Wachstum zog die Menschen an und die Stadt München platzte aus allen Nähten. Die alten Brauhäuser im Stadtkern wurden zu klein um den steigenden Bedarf zu bewältigen, vor den Stadttoren entstanden allmählich riesige Bierfabriken. Als Pschorr 1841 verstarb, teilten sich seine Söhne Georg und Mathias die Besitztümer, zu denen zwei großzügig angelegte Brauereien vor den westlichen Toren der Stadt zählten.

Bier erobert den Untergrund

Der steigende Bierabsatz erforderte größere Produktionsstätten und Lagerkeller. Günstiger Grund und Boden war dafür in ausreichendem Maß nur noch vor den Stadttoren zu haben. In der östlichen Vorstadt – zwischen Wiener-, Rosenheimer-, Keller- und Preysingstraße – entstand schon 1770 eine riesige Kellerstadt. 1850 zählte man allein dort 50 Bierkeller. In der westlichen Vorstadt entstanden die ersten Lagerkeller um 1820. Hier hatte Joseph Pschorr einen kühnen Plan verwirklicht: Auf der westlichen Isar-Hochterrasse, wo es keine Grundwasserprobleme gab, ließ er auf dem ehemaligen »Galgenberg« an der heutigen Grasserstraße einen riesigen Keller graben. Mit dem Aushub beauftragte er italienische Tagelöhner, für die die Stadt München damals schon zum Anziehungspunkt geworden war.

Die Ausmaße und Einrichtungen des Pschorr-Kellers beeindruckten die Zeitgenossen. In einem weit verzweigten Kammernsystem, eine Konstruktion, die Pschorr selbst entwickelt hatte, sollte das Bier erstmals mit Hilfe von Natureis den ganzen Sommer über frisch bleiben. 400.000 Gulden riskierte er damals für seine Vision einer »Bierfestung«. Doch die Rechnung ging auf: Endlich konnte man nun in der winterlichen Brauperiode genug Biervorräte für den Sommer produzieren, ohne befürchten zu müssen, dass sie während der Lagerung verderben. Kein Wunder, dass die Münchener über Pschorr in Lobeshymnen ausbrachen. Dank seiner Erfindung saßen sie im Sommer nicht mehr auf dem Trockenen.

Die neu entdeckte Natureis-Kühlung eröffnete eine zusätzliche Perspektive: Endlich konnte Bier auch über weitere Strecken unbeschadet transportiert werden.

Einweihung der ersten Bahnstrecke Deutschlands, die Fracht: zwei Fässer Bier

Liebe auf den ersten Blick

Bier und Eisenbahn, das war wie Liebe auf den ersten Blick. 1835 wurde Deutschlands erste Bahnstrecke von Nürnberg nach Fürth eingeweiht. Einzige Fracht: zwei Fässer Bier für das Freudenfest.

Drei Jahre später durchtrennte dort, wo sich jetzt der »Hirschgarten« befindet, die erste Münchener Bahnlinie ein dichtes Waldstück. Etwa unterhalb der Hackerbrücke, am »Galgenberg« hinter Pschorrs neuem Lagerkeller stand mitten in der »Sendlinger Haide« ein kleines Holzhaus – der Münchener Bahnhof. Ein zeitgenössisches Spottlied zielt auf die Bescheidenheit dieser ersten Eisenbahnstation:

»Am Galgenberg beim Marsfeld draus
steht a großes Bretterhaus.
I hab die Hütten a net kennt,
die Leit die haben's Bahnhof g'nennt.«

So klein dieser Bahnhof auch gewesen sein mag, für die Brauindustrie war er von großer Bedeutung, denn hier begann das Exportgeschäft mit Münchener Bier.

Die heimliche Hauptstadt des Biers

Die fränkische Bier-Stadt Kulmbach hatte schon einige Jahre früher Anschluss an Deutschlands erste, längere Bahnlinie: die Ludwig-Nord-Süd-Bahn. Durch die Anbindung an die frühen Handelsstraßen nach West-, Mittel- und Osteuropa war Kulmbach aber schon im Mittelalter ein bedeutendes Handelszentrum.

Nach dem Zweiten Weltkrieg war es bis zum Mauerfall von seinem traditionellen Exportland Sachsen und den Verbindungen nach Osteuropa abgeschnitten. Dennoch ist das Bier der Kulmbacher Brauerei, eine Fusion aus Kulmbacher EKU, Mönchshof-Bräu, Sandler- und Reichelbräu, weltberühmt. Bis heute ist die fränkische Stadt eine ernst zu nehmende Konkurrenz für München geblieben und wird sogar Bayerns »heimliche Hauptstadt des Biers« genannt. Das Stadtbild wird vom jahrhundertealten Brauwesen beherrscht. Üppige Villen im Stil der Gründerzeit erinnern an die Macht und den großbürgerlichen Wohlstand der ersten fränkischen Biermagnaten.

Die fränkische Bierbaronin

Einer von ihnen war der Kulmbacher Brauherr Wolfgang Reichel. Als er 1857 verstarb, übernahm seine Witwe die Geschäftsleitung. Eva Margaretha Reichel war gebildet, energisch und geschäftstüchtig; sie vereinigte in sich alle Eigenschaften einer erfolgreichen Unternehmerin. Mit Instinkt und Kalkül leistete sie bedeutende Investitionen, ließ die alten Anlagen auf den neuesten technischen Stand bringen und führte das Unternehmen zu seiner wahren Blüte.

Nach der alten Brauordnung von 1660 durften Witwen von Brauern das Handwerk nur so lange betreiben, bis ein männlicher Erbe die Volljährigkeit erlangte und den Betrieb übernehmen konnte. Nach Aufhebung der alten Zunftregeln waren Frauen nicht mehr gezwungen das Unternehmen zu übergeben. Eva Margaretha Reichel leitete die Brauerei bis zu ihrem Tod 1885, danach übernahm sie ihr Sohn Georg. Doch durch ein geschickt abgefasstes Testament war er an den Willen der verstorbenen Mutter gebunden, der den Fortbestand der »Reichelbräu« als Familienunternehmen noch für viele Jahre sichern sollte.

Die Ära der rauchenden Schlote

Das Erbe des Engländers James Watt veränderte das Erscheinungsbild der Städte. 1765 hatte er die Dampfmaschine konstruiert. Rund hundert Jahre später begann in Europa die Ära der rauchenden Schlote und der Rhythmus der Dampfmaschine bestimmte den Herzschlag des ausgehenden Jahrhunderts.

Die Epoche der Dampfbierbrauereien ist längst vorüber. Heute findet man in nahezu jeder Brauerei computergesteuerte Anlagen. Doch in der Familienbrauerei Schmitt im thüringischen Singen scheint die Zeit stillzustehen. Dort gibt heute noch eine Dampfmaschine aus dem letzten Jahrhundert den Takt der Arbeit an. Kein Museum könnte die Atmosphäre eines historischen Braubetriebs besser illustrieren. Der Sudkessel wird heute noch mit der Energie von Holz und Kohle beheizt, die Zahnräder der Braumaschinen werden per Dampfkraft über lederne Transmissions-Riemen in Gang gesetzt, getreu einer historischen Funktionsbeschreibung:

»Der Braukessel wird auf folgende Weise mit Dampf geheizt: Von dem Dampfkessel streicht der Dampf durch eine Röhre in den Raum des Doppelbodens vom Braukessel ... über dem Maischbottiche befindet sich die von einem Brauknechte mittelst Betrieb und gezähnter Zange hinauf und herabbewegbare Maischvorrichtung, welche mittels eines endlosen Riemens mit der Dampfmaschine in Verbindung gesetzt ist.«

Aus Handwerkern werden Arbeiter

Zu Beginn der Industrialisierung konnte sich die Dampfmaschine in den Brauereien nur schwer durchsetzen. Das hatte nicht nur technische Gründe. Die Brauburschen befürchteten, die zischenden, fauchenden Ungeheuer würden sie ihrer Arbeitsplätze berauben. 1844 führte der Einsatz der ersten dampfbetriebenen Maischmaschine in einer Münchener Brauerei zu solchem Aufruhr, dass sie vorläufig wieder entfernt werden musste.

Tatsächlich bewirkte der Einsatz von Maschinen anfangs jedoch sogar eine Zunahme von Arbeitsplätzen. Der Segen dieser Entwicklung wirkte sich letztendlich nur zugunsten der Fabrikbesitzer aus. Den Preis bezahlten die Arbeiter. Je teurer die Maschinen wurden, desto niedriger wurden die Löhne. Traditionelle Handwerker waren nicht mehr konkurrenzfähig und mussten sich in den modernen Fabriken überwiegend als billige Arbeitskräfte verdingen. In der Bierindustrie war der Bedarf an gelernten Arbeitern wie Brauern, Mälzern und Schäfflern im Vergleich zu Hilfsarbeitern relativ gering.

Die Industrialisierung konzentrierte die Produktionsmittel in den Händen weniger Unternehmer. Die neue, kapitalistische Wirtschaftsordnung veränderte nicht nur den Arbeitsprozess, sondern das gesamte Leben der Bevölkerung. Der Soziologe Max Weber (1864–1920) folgerte: »Was letzten Endes den Kapitalismus geschaffen hat, ist die rationale Dauerunternehmung, rationale Buchführung, rationales Recht, aber auch nicht sie allein; es muss ergänzend hinzutreten: die rationale Gesinnung, die Rationalisierung der Lebensführung, das rationale Wirtschaftsethos.«

Die rationale Gesinnung wurde schließlich zum Glaubensbekenntnis des industriellen Zeitalters und die

Menschlichkeit geriet in den Strudel dieser neuen Strömung. Der einzelne Arbeiter mit seinen Bedürfnissen blieb auf der Strecke, weil nur noch seine Arbeitskraft zählte. Die Schlagworte der Epoche hießen Fortschritt, Tempo, Produktionssteigerung und Profit.

Gabriel Sedlmayr d. Ä. – ein Pionier der Brautechnik

Das technische Know-How besorgten sich die fortschrittsorientierten bayerischen Brauer in England, dem damaligen Wunderland der Technik; allen voran Gabriel Sedlmayr, der Eigentümer des Münchener Spatenbräu. Sedlmayr, selbst Sohn eines Braumeisters, entdeckte schon früh seine Liebe zur Technik und setzte für die Münchener Brauindustrie neue Maßstäbe.

Nach seiner Tätigkeit als Braumeister im »Hofbräuhaus«, einem besonders renommierten Posten, erwarb er 1807 die heruntergewirtschaftete Brauerei Spaeth in der Neuhausergasse. Sieben Jahre später galt sie dank seiner technischen Verbesserungen als Musterbetrieb. Heute kann man im Deutschen Museum in München die Einrichtungen dieses damaligen Brauhauses an einem Modell studieren.

Als erster bayerischer Brauer war Sedlmayr Mitglied des »Polytechnischen Vereins« und experimentierte schon ab 1821 mit der Dampfmaschine. Joseph Ritter von Baader, Mitglied der bayerischen Akademie der Wissenschaften, der auch mit James Watt Bekanntschaft gemacht hatte, konstruierte in Sedlmayrs Auftrag eine solche Maschine speziell für den Einsatz im Braubetrieb. Es sollte aber noch 25 Jahre dauern, bis die Spatenbrauerei komplett auf Dampf umgestellt wurde.

1851 entstand eine großzügig angelegte, moderne Produktionsstätte auf dem Gelände der Marsstraße. Diese Großbrauerei in der westlichen Vorstadt basiert zum Teil auf technischen Überlegungen von Gabriel Sedlmayr d. Ä. Ausgeführt wurde der Neubau von seinem Sohn.

Technologietransfer und Industriespionage

Im Braugeschäft stiegen die Investitionen und die Konkurrenz verschärfte sich. Die Münchener Großbrauer schickten ihre Söhne zu Studienreisen in Sachen Bier ins Ausland. Gabriel Sedlmayr junior scheute sich dabei nicht, unkonventionelle Wege zu beschreiten. Seine Art des Technologietransfers artete in handfeste Industriespionage aus. Selbst die Aussicht auf Prügel konnte ihn nicht davon abhalten, von seinen englischen Gastgebern eine Bierprobe nach der anderen mit einem eigens dafür präparierten Spazierstock zu stibitzen, um das Geheimnis der fremden Rezeptur zu entschlüsseln. Der Einsatz schien sich gelohnt zu haben. 1867 wurde das Spatenbier wegen seiner guten Qualität auf der Pariser Weltausstellung mit einer Goldmedaille prämiert.

Bis ins frühe 20. Jahrhundert braute man in Bayern überwiegend »dunkles« Bier von malzig-süßlichem Geschmack. Seine Farbskala reichte allerdings von tintigem Dunkelbraun bis zu hellem Weingelb. Erst 1895 begann die Spatenbrauerei mit der industriellen Herstellung des berühmten »Münchener Hell«, einer stärker gehopften, herberen Sorte. Gebraut wurde dieses helle Bier nach Pilsener Vorbild. Bis die Bayern sich dafür begeistern konnten, sollten aber noch gut 25 Jahre vergehen.

Höllenarbeit für die Seele des Biers

»Das Malz«, sagen die Brauer, »ist die Seele des Biers«. Doch die Arbeit an der Darre war früher eine Höllenarbeit. Bei 80 Grad Lufttemperatur musste man dem Grünmalz die Feuchtigkeit entziehen um die Keimung zu beenden. Zur weiteren Trocknung wurde es mittels großer Schaufeln immer wieder gewendet. Um sich vor der Hitze zu schützen vermummten sich die Arbeiter wie Eskimos. Die pulverisierten Malzkeime reizten Schleimhäute und Bronchien und wirkten auf der schweißnassen Haut wie Juckpulver. Ein Beobachter schrieb dazu:

»Es ist so heiß, dass beim Abdarren Nase, Ohren und Fingerspitzen brennen. Das in so generöser Weise vom Geschäft zur Verfügung gestellte Handtuch, ein dauerndes Begleitstück des Darrmälzers, sammelt den Schweiß der Gerechten … Da die Verwendung der im Allgemeinen üblichen hohen Schlappschuhe … beim Abräumen des Darrmalzes hinderlich sind, laufen die Mälzer auf den bloßen Socken, und da das Darrblech noch keineswegs hinreichend gekühlt ist, wird der Gang der Leute automatisch in rascherem Tempo erledigt, als es den persönlichen Intentionen entspricht.«

Erst dampfbetriebene, selbsttätige Darrwendapparate machten diese schwere Arbeit überflüssig und trugen auch zur Qualitätsverbesserung des Bieres bei.

Des Rätsels Lösung

Viele Gelehrte ernten für bahnbrechende Entdeckungen statt Bewunderung zunächst Spott. So erging es auch dem französischen Chemiker und Biologen Louis

Louis Pasteur

Pasteur. 1876 hatte er eine sensationelle Entdeckung gemacht. Durch ein selbst entwickeltes Mikroskop sah er als erster Hefezellen im Bier, die er mit dem lateinischen Namen »Saccharomyces cerevisiae« bezeichnete. Aufgrund seiner Beobachtungen stellte er in seinem wissenschaftlichen Werk »Études sur la bière« die These auf, dass diese Hefezellen für die Gärung des Biers verantwortlich seien und dass es sich dabei um Kleinstlebewesen handele. Die Reaktion der Öffentlichkeit war vernichtend. Darstellungen vom »verrückten« Professor mit Krabbelkäfern zierten schon bald die Fachblätter. Doch Pasteur sollte Recht behalten: Er hatte ein jahrtausendealtes Geheimnis der Braukunst enträtselt – den Gärungsprozess.

Zwar hatten schon die alten Ägypter herausgefunden, dass sich Brotteig zur Bierherstellung eignete. Eine Erklärung für die mysteriöse Verwandlung in Alkohol hatte man aber nicht. Die bis ins letzte Jahrhundert gebräuchliche Bezeichnung »Bierzeug« drückt aus, wie wenig man sich die Wirkung dieser wichtigen Zutat erklären konnte. Im Mittelalter verdächtigte man sogar dunkle Mächte, für die Gärung verantwortlich zu sein.

Pasteur konnte nachweisen, dass die Aufspaltung des Malzzuckers in Alkohol und Kohlensäure auf die Tätigkeit der Hefezellen zurückzuführen ist. Neueste Untersuchungen haben jedoch gezeigt, dass an diesem Stoffwechselprozess bis zu dreißig Enzyme beteiligt sind, deren Zusammenwirken auch heute noch nicht bis ins letzte Detail geklärt werden kann.

Keimfreies Bier

Auf Pasteurs Kenntnissen aufbauend gelang es dem dänischen Chemiker, Emil Christian Hansen, erstmals Hefezellen zu isolieren und auf einem künstlichen Nährboden zu vermehren. Damit hatte er die bakterienfreie Reinzucht von Hefezellen entdeckt. Hansens wissenschaftliche Entdeckung wurde sehr bald gewerblich umgesetzt. Münchener Reinzucht-Hefen galten als qualitativ besonders hochwertig und wurden als Markenartikel, in Blechdosen verpackt, in die ganze Welt verschickt.

Die Erkenntnis, dass bestimmte Mikroorganismen durch Hitze abgetötet und Substanzen wie Milch, Wein und Bier dadurch haltbarer gemacht werden können, geht auf Pasteurs Forschungen zurück. Hacker-Pschorr verschickte als erste Brauerei der Welt pasteurisiertes Bier nach Übersee.

Die Erkenntnisse der Mikrobiologie setzten auch in den Sudhäusern neue hygienische Maßstäbe. Die früher gebräuchlichen Holzsudkessel beeinträchtigten die Haltbarkeit des Biers, weil sich in den rauen Oberflächen leicht Schmutz festsetzen konnte. Ohne Abdeckungen waren sie zudem leicht empfänglich für Bakterien aus der Luft. Durch geschlossene, glattwandige Kupferkessel ließen sich diese Beeinträchtigungen leicht vermeiden.

Ab Mitte des 19. Jahrhunderts intensivierte sich die Bierforschung und brachte eine Fülle an Fachliteratur hervor. Farb-, Geruchs- und Geschmacksfehler versuchte man in brauereieigenen Laboratorien zu analysieren. Das neu erfundene Thermometer wurde nun zum wichtigsten Instrument bei der Steuerung des Gärprozesses. Der Saccharometer zur Bestimmung des Malzgehalts war zuverlässiger als die Krachlederne bei der Salvatorprobe.

Der hohe technische Standard, den die Münchener Brauereien vorzuweisen hatten, wirkte sich schließlich auf die Qualität des Biers aus. Im »Bayerischen Eilboten« vom 3. April 1843 heißt es: »... in München gelangte die Bierbrauerei auf eine hohe Stufe der Vollkommenheit und fast sämtliche Brauer zeichnen sich durch gutes Bier aus. In Bayern hat München, wie in allem so auch in der Bierbrauerei die großartigsten Einrichtungen aufzuweisen.«

Die eisige Revolution

Um das Bier in den Sommerkellern frisch zu halten, benötigte man große Mengen von Eis. Jeden Winter mussten aus den nahe liegenden Gewässern Eisplatten geschnitten und in die Kühlkeller transportiert werden – eine mühsame und gefährliche Arbeit. Das sollte sich mit Carl von Lindes Erfindung ändern. Zwischen 1873 und 1876 konstruierte er eine mit Ammoniak betriebene Kältemaschine.

Nicht nur für die Konservierung, auch für die Bierproduktion war Lindes Erfindung von revolutionärer Bedeutung. Bis dahin konnten die lagerfähigen, untergärigen Biersorten nur in den kalten Wintermonaten gebraut werden. Bei sommerlichen Temperaturen kommen diese nämlich nicht zur Gärung. Deshalb wurde immer nur in der Periode von Oktober bis März gebraut. Mit Hilfe der Kältemaschine konnte man untergäriges Bier nun auch in der heißen Jahreszeit herstellen. Die Tage der winterlichen Saisonarbeit waren gezählt und der Bierabsatz steigerte sich enorm.

Die Funktionsweise einer solchen, historischen Kältemaschine kann man heute noch an einem liebevoll gepflegten Ausstellungsstück in der Paulanerbrauerei studieren.

Vom Bauernsohn zum Bierbaron – Georg Brey (1784–1854)

Wirtschaftliche Reformen, naturwissenschaftliche Erkenntnisse und technische Neuerungen hatten die rasante Entwicklung im Brauwesen möglich gemacht. Ehrgeiz, Risikobereitschaft und ein mitunter abenteuerliches Maß an Draufgängertum seitens der Unternehmer trugen das ihrige dazu bei.

Eine steile Karriere – vom Bauernsohn zum Bierbaron – machte Georg Brey. Aus einem kleinen Dorf bei Weilheim kommend erlernte er das Brauhandwerk beim »Wagnerbräu« in München. Danach war er acht Jahre lang als Braumeister beim Grafen Toerring am Ammersee tätig und hatte sich dort ein kleines Startkapital von 4000 Gulden zusammengespart. Im Jahr 1818 hielt er um die Hand der Brauerstochter Anna Maria Rapolt aus Inning an. Nach der Heirat zog es ihn wieder nach München, um dort seinen Traum von einer eigenen Brauerei zu verwirklichen. Bald bot sich eine günstige Gelegenheit. Der Braumeister Anzengruber, Inhaber der Löwenbrauerei in der Münchener Innenstadt, hielt seinen Betrieb aus gesundheitlichen Gründen für

45.000 Gulden zum Verkauf feil. Das war zwar eine stattliche Summe, aber Brey erkannte, dass er Schulden machen musste, um zu Geld zu kommen.

So lastete auch auf dem Fundament des späteren Bier-Imperiums Löwenbräu vor den Toren der Stadt zunächst ein gewaltiger Schuldenberg. Noch die nachfolgende Generation musste hohe Investitionen leisten, um konkurrenzfähig zu bleiben. Breys Sohn Ludwig, der das Unternehmen 1851 übernahm, setzte auf Wachstum und nahm 1865 gleich zwei Sudwerke an der Nymphenburger Straße in der westlichen Vorstadt in Betrieb. Die modernen Fabrikanlagen verschlangen aber dennoch so viel Geld, dass sie auf Dauer nicht mehr privat finanziert werden konnten.

Münchens erste Aktiengesellschaft

Ludwig Brey setzte mit einem Gesellschaftervertrag neue Maßstäbe für die gesamte Bierindustrie. Im Jahr 1872, achtzehn Jahre nach dem Tod von Georg Brey wurde die Löwenbrauerei als erstes Münchener Unternehmen in eine Aktiengesellschaft umgewandelt. Im Jahrhundertwettkampf um die Vormachtstellung übernahmen Pschorr, Spaten und Löwenbräu abwechselnd die Führung. Um 1890 stand Löwenbräu – auch dank seiner Aktionäre – an der Spitze der Münchener Brauereien.

Dem neuen Unternehmergeist stand die Mehrheit der Brauer skeptisch gegenüber. Die meisten kleinen Handwerksbetriebe überlebten die industrielle und wirtschaftliche Revolution nicht. Die Brauknechte stammten oft aus einfachen Verhältnissen und mussten ihre Lehrzeit in sehr jungen Jahren auf Kosten schulischer

Bildung beginnen. Lesen und Schreiben beherrschte kaum einer. Sie scheuten das Risiko und verurteilten das Schuldenmachen. Viele standen der neuen wirtschaftlichen Entwicklung hilflos gegenüber und trauerten den Zeiten der alten Zunftregeln nach, als auf dem kapitalistischen Markt der harte Konkurrenzkampf noch nicht entfesselt war.

Traditionelle Braukunst – Anton und Therese Wagner

Das Festhalten an Traditionen kann aber auch zum Erfolg beitragen. Während auf dem Oktoberfest inzwischen alle Brauereien das Bier aus Metall-Containern ausschenken, rollen bei Augustiner noch heute die Holzfässer an. Sogar im größten Wies'n-Stress pflegt man bei der ältesten noch bestehenden Münchener Brauerei diesen Brauch.

Das Augustinerkloster samt Brauhaus wurde 1328 am Haberfeld an der Münchener Neuhausergasse errichtet. Im Zuge der Säkularisation gab man am 3. Dezember 1803 die Verpachtung des Brauhauses in der kurpfalzbaierischen Staatszeitung bekannt, woraufhin sie der Braumeister Anton Seidl erwarb. In die übrigen Klostergebäude zog das Münchener Hofgericht ein. Weil man sich durch den Lärm auf dem Bräuhof gestört fühlte, wurde die Brauerei 1817 in ein anderes Anwesen an der Neuhausergasse verlegt.

1829 erwarb Anton Wagner (1791–1845), ein Braumeister aus Freising, die Augustinerbrauerei samt Braurecht und Innenausstattung. Er setzte als Eigentümer der ältesten noch bestehenden Münchener Brauerei auf die Verbindung von mönchischer Brautradition und technischen Neuerungen. Nach seinem Tod 1845 führte seine Witwe die Geschäfte weiter.

Therese Wagner, eine gebürtige Müllerstochter, entwickelte sich unter den neuen Anforderungen zu einer hervorragenden Geschäftsfrau, die die historische Bedeutung dieses ältesten erhaltenen Münchener Braubetriebs in ihrer Unternehmensführung berücksichtigte.

Ihre Zeitgenossen empfanden ihre anmutige Erscheinung als Gegensatz zu ihrem Durchsetzungsvermögen. Ihr Ehrgeiz und Urteilsvermögen machten sie schon bald zu einer gefürchteten Konkurrentin. 1845 verlegte sie ihre Brauerei aus der Enge der Stadt in die westliche Vorstadt. Im Buttlerkeller wurde ein modernes Sudwerk errichtet und in nur zwölf Jahren gelang der geschäftstüchtigen Frau der Anschluss an die industrielle Entwicklung. 1858 vererbte sie ihrem Sohn Josef ein blühendes Unternehmen.

Der Bier-Adel

Spätestens in der zweiten Generation war aus einem Stand kleiner Handwerker ein Münchener »Bier-Adel« geworden, dessen millionenschwere Angehörige sich schon frühzeitig als Privatiers zurückziehen konnten. Die Repräsentanten der Brauhäuser nannte man die »Bierbarone«.

Mancher Brauersprössling dekorierte sich mit einem Kommerzienratstitel und das fehlende blaue Blut ersetzte ein gewinnbringender Strom aus Bier. Der ehemalige Familiensitz der Pschorrs in der Sendlinger Straße repräsentiert in höfischem Spätrokoko unverhohlen das Selbstbewusstsein der neuen, aufstrebenden Unternehmerschicht; ebenso die feudalen Villen der

Brauer in der Möhlstraße im vornehmen Stadtviertel Bogenhausen.

Außer Joseph Pschorr wurde in München keinem Brauer die Ehre eines öffentlichen Denkmals zuteil. Die monumentalen Grabmäler auf dem Münchener Südfriedhof lassen trotzdem keinen Zweifel daran aufkommen, dass sich auch die übrigen Angehörigen der Brauerdynastien zur High-Society rechneten und sich ihrer Verdienste durchaus bewusst waren.

Die modernen Bierfabriken dienten nicht nur nüchternen, technischen Zwecken. Imposante Bauwerke sollten auch die gesellschaftliche Stellung des Unternehmers unterstreichen. Die Augustinerbrauerei an der Landsberger Straße in München steht ihrer baulichen Schönheit wegen heute unter Denkmalschutz. Errichtet wurde sie in den 80er Jahren des 19. Jahrhunderts von Brauereiarbeitern, die sich in der freien Sommersaison regelmäßig auf dem Bau verdingten.

Die damaligen Sudhäuser, die Herzstücke der Brauereien, erinnerten in ihrer Säulenarchitektur und prunkvollen Ausstattung eher an Schlösser als an Fabrikationsstätten. Ein Arbeiter – der Pfannenknecht – war tagein, tagaus mit dem Polieren der Kupfergeschirre beschäftigt. In den lichtdurchfluteten Hallen der Maschinenhäuser blinkten Sudpfannen, Messinggeländer und Kachelböden – moderne Insignien wirtschaftlicher Macht. Aus den alten Sudhäusern im Stadtkern wurden in den Gründerjahren edel ausgestattete Wirtshaussäle, in die nun auch die feinere Gesellschaft Einzug hielt.

Bier und die Schönen Künste

Wer in Brauerskreisen auf sich hielt, zeigte sich den Schönen Künsten zugetan. Die Gattinnen der Biermagnaten gründeten Salons, wo sie, umgeben von auserwählten Künstlern und Poeten, Hof hielten. Paul Heyse, Martin Greif, Gottfried Keller, Franz von Lenbach und Franz von Stuck, Henrik Ibsen und Max Halbe waren dort vertreten. Sogar Enrico Caruso soll nach einem Gastspiel im Nationaltheater Sedlmayrs einen Besuch abgestattet haben.

Man brillierte mit Kunstverstand, gefiel sich in der Rolle des Mäzens und fühlte sich geschmeichelt, wenn ein Schöngeist um die Hand der Tochter anhielt. So durfte Josephine Pschorr einen Musiker heiraten. Am 11. Juni 1864 kam ihr Sohn auf die Welt: Richard Strauss.

Den »Rosenkavalier« widmete der später weltberühmte Komponist seiner Familie. Im Jahr 1949, im Alter von 85 Jahren, dirigierte er die Oper ein letztes Mal in München.

Das Nationaltheater verdankte den Bierbaronen nicht nur glanzvolle Strauss-Opern. 1818 stand der neu erbaute Musentempel lichterloh in Flammen. Im Jahrbuch der Stadt ist das Geschehen beschrieben: »Während das Parterre noch nicht ganz geleert war, loderten schon große Feuermassen aus den obersten Fenstern des Gebäudes zum Himmel empor. In kürzester Zeit ergriff der Brand das ganze Haus, weithin war die Gegend beleuchtet. Im ersten Augenblick des Unglücks war der gute König Max Joseph untröstlich. Man hörte ihn wiederholt rufen – mein schönes Theater, mein schönes Theater – das überleb ich nicht!«

Es war Winter, das Löschwasser war gefroren und als Retter in der Not rückten die Brauer aus der Nachbarschaft mit ihrem Bier an. Nur dank des Gerstensafts konnte der Brand unter Kontrolle gebracht werden. Die folgende Bierpreiserhöhung zum Wiederaufbau des Opernhauses nahmen die Münchener mit erstaunlichem Gleichmut hin.

Oans, zwoa, gsuffa!

Begleitet vom archaisch anmutenden Münchener Trinklied, das ein Berliner gedichtet hat, löschen nicht nur Einheimische ihren Durst in Münchens berühmtester Gaststätte. Bis zum Jahr 1800 war das »Hofbräuhaus« die einzige Großbrauerei in München. Damals galt die Braustätte des alten Adels noch als Musterbetrieb. Aber nicht einmal die meisten Münchener wissen, dass es ursprünglich aus zwei Brauhäusern bestand. Weil der Weinkonsum am bayerischen Hof, dem immerhin 500–600 Menschen angehörten, astronomische Ausmaße erreicht hatte, entstand 1589 als Sparmaßnahme ein Brauhaus für Braunbier im Alten Hof. Allerdings wurde dort kein Bier nach bayerischem Rezept gebraut, sondern man kopierte ein besonders wohlschmeckendes Bockbier, das man bis dahin aus der westfälischen Stadt Eimbeck importieren musste.

Im Jahr 1602 ließ Maximilian I. im Zuge seiner »Weißbier-Politik« zusätzlich ein weißes Brauhaus am Platzl errichten. Aus Platzgründen begann man 1882 mit dem Bau eines neuen Brauhauses an der Inneren Wiener Straße. Aus dem Haus am Platzl entstand 1897 ein palastartiger Neubau, der von nun an nur noch als Schankstätte diente. Um die Jahrhundertwende sollen dort bereits 5000 Stammgäste ein und aus gegangen sein.

»Das Hofbräuhaus ist ein besuchter Hauptort für Fremde und Einheimische. Hier gibt es keine Rangunterschiede, keine Standesbevorzugung. Der General oder Oberst sitzt neben dem gewöhnlichen Schreiber, der Collegialdirektor oder Magistratsrath neben dem Packträger, der Geldaristokrat neben dem Proletarier, der Hochadel neben dem Plebejer. Hier allein ist echte Freiheit, Gleichheit, Brüderlichkeit. Hier allein ist das deutsche Volk einig«, schwelgte 1894 die Frankfurter Zeitung.

Für Prominente und solche, die es werden wollten, war das »Hofbräuhaus« die erste Adresse, um sich leutselig zu zeigen und sich dem Volk zu präsentieren. Lola Montez, die ehrgeizige Geliebte König Ludwigs I. war aus diesem Grund des Öfteren hier anzutreffen. Gelegentlich schaute Kaiserin Elisabeth von Österreich herein und auch der preußische Reichskanzler Otto von Bismarck soll sich hier eine Maß genehmigt haben.

Im 19. Jahrhundert musste das »Hofbräuhaus« seinen Rang als renommiertestes Münchener Brauhaus an die privaten Großbrauereien abtreten. Die unabhängigen Unternehmer waren bei den Modernisierungsmaßnahmen flexibler als der Amtsschimmel im staatlichen Brauhaus. Inzwischen herrschen einheitliche Standards und der Qualität des Biers schadet es heute nicht mehr, dass das »Hofbräuhaus« noch dem bayerischen Finanzministerium untersteht.

Glanz und Elend der Kellnerinnen

»Das Lächeln einer Kellnerin ist so viel wert, wie der gute Schaum auf dem Bier«, meinte Ludwig Thoma dichten zu müssen. Mancher Bedienung mag das

Lächeln angesichts der Arbeitsbedingungen um die Jahrhundertwende recht bald vergangen sein. Kellnern bedeutete Schwerstarbeit bei niedrigstem Verdienst. Vielleicht zählten Bedienungen – neben Zirkusreiterinnen – deshalb zu den begehrtesten Ehefrauen. Auf je eine mit »ach und Krach unter die Haube gebrachte Beamtentochter kommen zehn gut versorgte Kellnerinnen«, hieß es damals.

Vor hundert Jahren dauerte die Arbeitszeit einer Kellnerin von morgens sieben Uhr bis ein Uhr nachts, sieben Tage die Woche bei drei Stunden Ausgang. Der Lohn belief sich auf etwa 50 Pfennig täglich, im Übrigen waren sie aufs Trinkgeld angewiesen. Im Vergleich dazu verdiente ein Tagelöhner auf dem Bau 38 Pfennig die Stunde, eine Maß Bier kostete 25 Pfennig, ein Liter Milch oder 3 Eier 24 Pfennig.

Die »Spesen«, womit Salz, Pfeffer, Zündhölzer und Zahnstocher für die Gäste gemeint waren, mussten die Kellnerinnen aus eigener Tasche bezahlen und ihre Hilfskräfte, die Biermädchen und Krüglputzerinnen sowie weiteres Hilfspersonal fürs Stühleaufstellen mitentlohnen. Für zerbrochenes Geschirr wurde von den Wirten vorsorglich Kaution verlangt. Strafen gab es schon für minimales Zuspätkommen, Fallenlassen von Löffeln, Liegenlassen von Servietten. Eine »Anstellung auf Probe« blieb auch bei längerer Beschäftigung die Regel, Verträge kannte man nicht. Oft wurden die Kellnerinnen auch noch mit Schlägen bestraft, weil den Wirten das Züchtigungsrecht zugesprochen war.

Ausgerechnet am »Königlichen Hofbräuhaus« sollen Anfang des 20. Jahrhunderts unerträgliche Arbeitsbedingungen geherrscht haben: Dort waren die Kellnerinnen angehalten, von ihrem Geld auch noch die Maßkrüge für die Stammgäste zu kaufen. Festlohn gab es keinen. Das Einkommen musste allein vom Trinkgeld bestritten werden. Obwohl es damals schon Regel war, dass die Krankenversicherung vom Arbeitgeber übernommen wurde, gab man hier freiwillig nur ein Drittel dazu. Im Dezember 1905 drohten die Kellnerinnen des Hofbräuhauses endlich mit Streik, falls ihnen keine geregelte Arbeitszeit, Freibier sowie anteilige Zahlung der Kranken- und Sozialversicherung zugestanden würden. Für Frauen war das Kellnerinnendasein oft die einzige Möglichkeit ein Auskommen zu finden. Der Traum von einer besseren Zukunft als Wirtin mag vielen die Kraft zum Durchhalten verliehen haben.

Die Schützenlisl

Wenigstens für eine sollte sich dieser Traum erfüllen. Die Vorstadtschönheit Coletta Möritz (1860–1953) machte gleich in zweierlei Hinsicht Karriere. Sie war ein lediges Kind und stammte aus bescheidenen, ländlichen Verhältnissen in Ebenried bei Landau. Um der Diskriminierung und den erheblichen ökonomischen Schwierigkeiten zu entfliehen, zogen Mutter und Kind in die Großstadt München.

Nach der Klosterschule bei den »Armen Schulschwestern« in der Au begann Coletta 1877, im Alter von siebzehn Jahren, als Wassermädchen und Krüglputzerin im »Sterneckerbräu«, einem Treffpunkt der Münchener Bohème. Dort entdeckte sie 1881 der Maler Friedrich August Kaulbach und erkor sie zum Modell der »Schützenlisl«. Auf einem rollenden Fass mit fliegenden Zöpfen, einer kleinen Schützenscheibe und fünf überschäumenden Maßkrügen in jeder Hand fand die Darstellung, ursprünglich ein Wirtshausschild, als Markenzeichen des »Münchener-Kindl-Biers« weltweit Verbreitung.

Als der Wirt Franz Xaver Buchner im Jahr 1882 ins »Sternecker« kam, heiratet er Coletta vom Fleck weg und sie gelangt als Gastwirtin ans Ziel ihrer bescheidenen Träume.

Frauenalltag in den Bierfabriken

Um 1880, als man in den Bierfabriken mit der Flaschenabfüllung begann, kamen auch Frauen zum Einsatz – als Hilfsarbeiterinnen an den Abfüllanlagen oder Etikettiermaschinen. Hier herrschte ein so ohrenbetäubender Lärm, dass man kaum sein eigenes Wort verstand. Zwangsläufig wurde wenig geredet oder gelacht. Tag für Tag verrichteten die Frauen im Akkord für geringen Lohn die dumpfe, hektische Fließbandarbeit.

Frauen konnten nur als Dienstmädchen, Verkäuferin, Mörtelweib, Trambahnritzenreinigerin oder Kellnerin Geld verdienen. Aber keine dieser Beschäftigungen war lukrativ und Frauen wurden bei gleicher Leistung grundsätzlich schlechter bezahlt als Männer.

Bier – vom Morgengrauen bis in die Nacht

Ende des letzten Jahrhunderts waren die Brauereien Münchens größte Arbeitgeber. Im Jahr 1910 beschäftigte Löwenbräu schon an die tausend Arbeitskräfte. 1895 zählte man in den 32 Münchener Brauereien Motoren mit einer Gesamtleistung von nahezu 5000 PS, das entsprach einer Arbeitsleistung von nahezu 35.000 Menschen. Bis 1918 endlich der 8-Stunden-Tag eingeführt wurde, betrug die durchschnittliche, tägliche Arbeitszeit in einer Brauerei 14 Stunden. Den Tagesrhythmus bestimmten die Sudzeiten. Der Arbeitstag begann zwischen Mitternacht und fünf Uhr früh und dauerte bis zum Einbruch der Dunkelheit. Die Arbeiter mussten ständig verfügbar sein, und wurden oft sogar aus dem Schlaf gerissen, wenn die Produktion dies erforderte. Manch einer kam tagelang noch nicht einmal dazu, seine Kleider zu wechseln.

Die Arbeitsordnung für Löwenbräu AG aus dem Jahr 1902 sah folgende Bestimmungen für die Arbeitszeit vor:

§9

Die Präsenzzeit ist für die einzelnen Sparten wie folgt festgelegt: für die Biersieder: vom Beginne bis zur Vollendung eines Biersudes mit einer Dauer von circa 14 Stunden, für die Arbeiter im Lagerkeller und auf der Schwankhalle (Banzenbrücke) von morgens 4 Uhr bis abends 6 Uhr = 14 Stunden, …

§ 11

Sämtliche Arbeiter sind verpflichtet bei außergewöhnlicher Häufung der Arbeit auf Anordnung der Vorgesetzten und gegen die gewöhnliche Stundenentschädigung auch über die oben angegebenen, normalen Arbeitszeiten hinaus zu arbeiten.

§ 15

Alle Arbeiter im Schichtwechsel, wie Biersieder, Darrburschen, Maschinisten und Heizer u. s. w. haben mindestens jeden zweiten gesetzlichen Sonn- und Feiertag 24 Stunden frei. Die übrigen, nicht im Schichtwechsel befindlichen Arbeiter haben jeden dritten Sonn- und Feiertag 36-stündige Ruhezeit.

Trotz der knapp bemessenen Freizeit war an Urlaub nicht einmal zu denken. Bis zur Jahrhundertwende wurden die Sudwerke nur an Weihnachten, Ostern und Pfingsten abgestellt. Auch die spätere Urlaubsregelung war alles andere als großzügig. Noch 1929 gab es vier Urlaubstage; nach acht Jahren sechs und nach zwölf zehn Tage pro Jahr.

Die Risiken des Braueralltags

Zu den langen Arbeitszeiten kamen immense körperliche Beanspruchungen und überall lauerten Gefahren. In einer Untersuchung, die der deutsche Brauer-Verband im Jahr 1901 in Auftrag gab, heißt es:

»Es ist eine ziemlich weit verbreitete Meinung, dass das Brauhandwerk ein sehr gesundes sei. Diese Meinung ist grundfalsch. Teilweise ist sie wohl darauf zurückzuführen, dass meistens nur kräftige Leute sich diesem Berufe zuwenden und diese nur in jungen Jahren ein gesundes, starkes Aussehen haben. Dies ändert sich aber sehr bald … Alte Brauer, d. h. Leute über 50 Jahre sind selten noch in ihrem Beruf tätig. Schon die Zahl der Arbeiter über 40 Jahre ist auf eine verhältnismäßig sehr kleine zusammengeschrumpft, teilweise ist sie wohl darauf zurückzuführen. Die in der Schwankhalle Arbeitenden sind stetig jedweden Witterungsverhältnissen ausgesetzt, wozu der fortwährende Gebrauch von heißem und sehr kaltem Wasser kommt, so dass bei vielen dieser Leute Erkältungskrankheiten aller Art, und besonders Rheumatismus chronisch sind.

Im Gär- und Lagerkeller, wo eine stetige, sehr starke Entwicklung von Kohlensäure vor sich geht, und wegen der Erhaltung der gleichmäßigen Temperatur eine Lüftung fast nie stattfindet, leiden die Atmungsorgane ganz besonders. Wer zum Beispiel noch nicht oder selten in einem Gärkeller sich aufhielt, ist nicht im Stande dort einige Zeit zu verweilen ... Das Arbeiten auf der Tenne, in einer dumpfen, feuchten, geschwängerten Luft, wirkt ungemein schädlich auf die Atmungs- und Brustorgane ... Betrachtet man aber die Arbeiten auf der Darre, dann bekommt man einen Begriff, was ein Mensch zu leisten imstande ist ... Es ist nicht selten, dass ein Mälzer im Winter aus einer Hitze von 50–60 Grad hinaus ins Freie zum Sacktragen muss, bei einer Temperatur von 4–6 Grad unter Null ... Verschlimmert werden diese Zustände durch die in fast allen Betrieben herrschende Treiberei, die auch einen besonderen Einfluss auf die so sehr häufigen Betriebsunfälle bewirkt.«

Für Kinder, die an Keuchhusten erkrankt waren, empfahlen die Ärzte früher kurzfristige Aufenthalte in den Gärkellern der Brauereien, da sich der hohe Gehalt von Kohlensäure in der Luft lindernd auswirkte. Wer sich hingegen längere Zeit dort aufhielt, bekam Kopfschmerzen, wurde kurzatmig und schläfrig. Durch die hohe Stickstoffkonzentration kam es immer wieder vor, dass Arbeiter dort das Bewusstsein verloren und erstickten. Eine Bestimmung aus der oben genannten Arbeitsordnung schreibt für die Arbeiter im Gärkeller jedoch eine Anwesenheitsdauer von dreizehn Stunden täglich vor!

Der Brauereiarbeiter Horst Feiler schildert Erinnerungen an seine Lehrzeit in der Erzählung »Brot und Bier«:

»Ich bedauerte es ... sehr, als ich einer ›Schlupfkolonne‹ zugeteilt wurde. Sobald ein Lagerfass leer geräumt war, wurde das ›Mannloch‹ abgeschraubt, damit man hineinkriechen und es säubern konnte. Ausgerüstet mit Lampe, Schrubber und Wasserschlauch kämpft der Bierbrauer im Inneren von Lagergefäßen gegen Hefe- und Hopfenharzablagerungen, gegen Bierstein und Bakterien. Und wenn er sich dabei nicht geschickt anstellt, ist er bis zur Brotzeit patschnass! Das aber in der Nähe des Gefrierpunktes. Manchmal bedurfte es fast artistischer Fähigkeiten, um vom dritten Stock eines ›Ganters‹ wieder heil auf die Erde zu gelangen. Dicke Kellerkleidung und klobige Holzschuhe machten die Arbeit nicht leichter. Dem Lagerkeller angeschlossen waren die Abfüllanlagen für Transportfässer. Lehrlinge und Hilfsarbeiter mussten dort ›haspulieren‹, das heißt, sie hatten dafür zu sorgen, dass immer genug Fässer bei den Abfüllblöcken standen und die gefüllten weggeräumt wurden. Um Platz zu sparen, stellte man bei den gebräuchlichsten Typen, den Fünfzigliterfässern, immer eins auf, um ein zweites draufzusatteln. Da wuchtete einer im Lauf des Tages etliche Tonnen hoch.«

Zu den häufigsten Unglücksursachen zählten Arbeiten mit schweren Fässern, das Fasspichen, bei dem mit flüssigem Pech hantiert wurde, und die Nässe auf den Fußböden. Durch die Getreidelagerung kam es häufig zu Malzexplosionen und ruinösen Bränden, bei denen immer wieder Menschen verletzt wurden oder zu Tode kamen. Arbeitsunfälle waren an der Tagesordnung und ohne ausreichende, gesetzliche Bestimmungen galt Gesundheit und Leben eines Arbeiters damals wenig.

Alkoholismus und Reklame

Der Alltag eines Brauereiarbeiters bot angesichts der harten Bedingungen wenig Freuden. Trost konnten viele nur im Alkohol finden. Ein Bierrausch war billig zu haben und galt deshalb als Rausch des kleinen Mannes. Schon seit dem Mittelalter galt Bier als »flüssiges Brot« und der Preis dafür war sogar gesetzlich dem eines Grundnahrungsmittels angepasst. Bier sollte wie Brot für jedermann erschwinglich bleiben.

Ein zweifelhaftes Privileg der Brauereiarbeiter war der Freitrunk, der je nach Rang vier bis zehn Liter Bier täglich betrug. Es handelte sich dabei aber nicht um ein Geschenk der Brauerei an die Arbeiter. Der Freitrunk war Teil der Entlohnung und nur zum eigenen Verzehr bestimmt. Verheirateten, die außerhalb der Brauerei wohnten, war es gestattet einen Teil des Bieres mit hinauszunehmen. Den anderen, die in der Brauerei Quartier bezogen, blieb nur übrig, ihr Quantum alleine zu trinken oder darauf zu verzichten, also es der Brauerei zu schenken. Verkaufen durften sie es nicht.

Nun ist in der Arbeitsordnung von Löwenbräu unter § 6 zu lesen: »Thätlichkeiten gegen Mitarbeiter und Trunkenheit beim Antritt der Arbeit oder während der Dienstzeit werden unter allen Umständen mit sofortiger Entlassung bestraft.«

Jeder Arbeiter, der seine tägliche Ration Bier konsumierte, war derart benebelt, dass er jederzeit einen vertraglich festgelegten Kündigungsgrund bot. Die Arbeiter waren schon aufgrund dieser Regelung der Willkür ihrer Brauherren ausgeliefert. Die Gewerkschaft machte später darauf aufmerksam, dass die Freitrunkregelung kein Privileg, sondern ein Trinkzwang war.

Die weit verbreitete Trunksucht führte zu Protesten und ersten Anti-Alkohol-Bewegungen. In einem Flugblatt mit dem Titel »Weckruf an Bayerns Volk« aus dem Jahr 1912 heißt es: »Die berauschenden Getränke fordern mehr Opfer als Krieg, Seuchen und Hungersnot zusammen. Sie verschulden 30 % der allgemeinen Krankheiten, 70–80 % der Hoheits- und Sittlichkeitsdelikte, 40 % der Armenunterstützungen. Sie sind eine Hauptquelle von Familienzerrüttung und Entartung der Nachkommenschaft. Die Trinksitten, wie sie bei uns verbreitet sind, sind das größte Übel, unter dem unser Volk heute leidet.«

Die moralischen Verfechter der protestantischen Arbeitsethik standen nicht unbedingt auf der Seite der Arbeiter, wenn sie die Alkohol-Abstinenz predigten: »Verschwinden werden dann Blasiertheit der höheren und Brutalität der niederen Stände. Nicht mehr in den Spirituosen, Wein, Bier und Schnaps wird das Volk Auffrischung und Kräftigung suchen, nicht mehr in versimpelndem Saufen und Genussleben, sondern in wahren höheren Freuden, Religiosität, Arbeit und Pflichterfüllung.«

Die Brauereien reagierten auf die Anti-Alkohol-Bewegung mit ersten Werbemaßnahmen in Form von Plakaten und Schildern, die den Genuss von Bier als Steigerung der Lebensqualität anpriesen!

Vorstadtromantik

Der Arbeitsrhythmus machte es erforderlich, dass ein Teil der Beschäftigten auf dem Betriebsgelände wohnte. Jede Brauerei hatte eigene, »Schalander«, wie die Schlafsäle genannt wurden. Zur Verköstigung gab es neben den Bierschänken Küchen und Speisesäle, wo die Arbeiter mit Lebensmitteln von brauereieigenen Landgütern versorgt wurden. In der Kochelbrauerei waren für die Hygiene von 140 Arbeitskräften lediglich zwei Badewannen vorgesehen. Solche Lebensumstände ließen kein Privatleben zu. Tagein, tagaus herrschte der gleiche monotone Rhythmus, aus dem man sich bestenfalls durch einen Bierrausch in einen kurzen Schlaf hinüberretten konnte.

Die moderne Versklavung machte vor den Toren der Bierfabriken nicht halt. Je mehr die Bierbarone in ihre Betriebsanlagen investierten, desto mehr und billiger konnten sie auf Dauer produzieren. Die Industrie verdrängte das Handwerk und kleinen Braubetrieben blieb kaum eine Chance zu überleben. Selbstständige Handwerker waren gezwungen, sich als billige Tagelöhner in der Fabrik zu verdingen. Die Menschen kamen massenhaft vom Land in die Städte, in der Hoffnung, ihren Lebensunterhalt hier leichter zu verdienen. Um 1810 zählte man in München 50.000, 1852 bereits 100.000 und 1900 eine halbe Million Einwohner. Die Stadt konnte nicht mehr alle Menschen aufnehmen; so entstanden in den Außenbezirken Wohnviertel, deren Straßenbild von Armut, Hunger, Schmutz und Elend gezeichnet war.

Das Bild der Elendsviertel prägten die sogenannten Herbergen. Einige dieser Häuschen um den Wiener Platz und in der Au, in denen früher mehrere Familien zusammengepfercht lebten, sind bis heute erhalten. Renoviert und restauriert geben sie jedoch einen falschen Eindruck wieder. Die Räume waren eng und niedrig. Es kam kaum Licht und Luft durch die kleinen Fenster, es war feucht, kalt und stickig. Eine Heizgelegenheit gab es nur in der Wohnstube, wo gekocht und gewaschen werden musste, und nicht selten drängten sich mehrköpfige Familien in nur einem einzigen Raum zusammen.

Die Herbergen waren quasi Eigentum ihrer Bewohner, daneben ließ eine neue Lebensform auf bessere Verhältnisse hoffen: das Wohnen zur Miete. Um der ärgsten Wohnungsnot Herr zu werden, wurden Reißbrettsiedlungen aus dem Boden gestampft. Die erste dieser Siedlungen in München war das Haidhauser »Franzosenviertel«, so genannt, weil seine Straßen die Namen der Schlachtenorte des deutsch-französischen Krieges trugen, beispielsweise Metz-, Sedan- und Orleansstraße.

Ein »besseres« Viertel wurde Haidhausen deshalb nicht. Es wurde so billig und platzsparend wie möglich gebaut, mehrstöckige Mietshäuser mit engen Wohnungen und dunklen Hinterhöfen. Schlampig und lieblos war diese Architektur, der Putz fiel schon nach wenigen Jahren wieder von den Wänden. Diese Bauten mehrten in erster Linie das Vermögen einiger Spekulanten.

Das erste Mietshaus im Münchener Westend erbaute der Bankier Josef von Hirsch an der Ecke der Landsberger- und Grasserstraße. Diese Wohnungen waren geräumig und komfortabel und blieben für einfache Arbeiter unerschwinglich. Die Folge war, dass die Wohnungen geteilt wurden, wodurch sehr ungünstige Wohnbedingungen entstanden: »Die Wohnungen in den Miethäusern waren Kleinsthöhlen von zwei Zimmern, ohne Vorplatz oder Gang fiel man vom Treppenhaus in die Stube, Wasser- und Klosettanlagen, die sich die Mieter teilen mussten, befanden sich außerhalb der Wohnungen.«

Viele konnten sich nicht einmal dieses Ambiente auf Dauer leisten und mussten daher die Möglichkeit des »Trockenwohnens« nutzen: Nach Abschluss der Bauarbeiten bot man die Wohnungen zunächst zu einem günstigen Mietpreis an, allerdings gerade so lange, bis der Mörtel trocken war, danach gab es kräftige Mieterhöhungen. So waren viele arme Menschen auf ständiger Wohnungssuche und zogen von einem feuchten Gemäuer ins nächste. Wer eine feuchte Wohnung hatte, war zwangsläufig häufiger im Wirtshaus anzutreffen, von denen es in den neuen Wohnvierteln im Osten und Westen der Stadt erstaunlich viele gab.

Wer nichts wird, wird Wirt!

Die Brauereien, die darauf aus waren, ihren Bierabsatz zu erhöhen, priesen das Gastgewerbe als Goldgrube an – eine Hoffnung, an die sich viele kleine Leute klammerten. Zukünftige Wirtsleute erhielten bei Einrichtung einer Gaststätte von den Brauereien unverhältnismäßig hohe Baudarlehen für die Errichtung neuer Häuser, dabei war es gleichgültig, ob der zu erwartende Bierverbrauch dies rechtfertigte. Konnten die Wirte ihre Vertragsbedingungen dann aber nicht erfüllen, ging ihr verschuldeter Grundbesitz an die Brauerei über. Ein Zeitzeuge schrieb, dass sich »unter je 25 Kanalarbeitern, Fiakern, Ausgehern oder Packträgern in München« mindestens ein gescheiterter Wirt befand.

Die Stadt München ist dank des Bieres reich geworden, die Mehrzahl seiner Bewohner wohl eher nicht. Zum »Flair« der aufstrebenden Großstadt gehörten neben Prachtbauten und imposanten Fabrikanlagen auch die Vorstädte mit dem Lärm rollender Fässer, mit Schwaden von Malz- und Pechgeruch und dem Qualm rauchender Schlote.

Staatliche Reformen, Technik und neue Produktionsweisen haben die Gesellschaft verändert. Aus Handwerkern wurden Arbeiter oder Kapitalisten. Aus dem Stand der Brau-Handwerker ist der »Bieradel« hervorgegangen und durch den Pioniergeist der »Bierbarone« des 19. Jahrhunderts entwickelte sich das Brauwesen mit all seinen Vor- und Nachteilen hierzulande zu einem führenden Wirtschaftszweig. Aus dem »flüssigen Brot der Mönche« wurde »flüssiges Brot fürs Volk«, vielleicht auch eine Volks-Droge.

In jedem Fall ist das Bier ein Kulturgut, das das Bewusstsein und die Mentalität der Bayern auf besondere Weise geprägt hat. Der Schriftsteller Paul Heyse schrieb 1854:

»Die demokratisierende Macht des Bieres hatte doch eine Annäherung bewirkt. Der geringste Arbeiter war sich bewusst, dass der hochgeborene Fürst und Graf keinen besseren Trunk sich verschaffen konnte als er; die Gleichheit vor dem Nationalgetränk milderte den Druck der sozialen Gegensätze. Und wenn im Frühling noch der Bock hinzukam, konnte man in manchen Wirtsgärten eine so gemischte Gesellschaft zwanglos beisammen finden, wie sie in Berlin nirgends anzutreffen war.«

Raudis, Revoluzzer, Radikale

»Die Bayern sind ein derbes, aber gutmütiges Volk. Sie ließen eher Holz auf sich spalten, als dass sie zu einem Aufstand zu bringen wären. Aber man nehme oder verkümmere ihnen ihr Bier und sie werden wilder revoltieren als irgendein anderes Volk.«

(Pariser Zeitung 1844)

Das Bier, in Bayern ein Grundnahrungsmittel, wurde im 19. Jahrhundert zur Massenware. Der Bierpreis wurde zum Politikum und konnte in Stadt und Land einen regelrechten Bierkrieg entfachen. Die Münchener Bierpaläste, ursprünglich Vergnügungstempel für die Massen, wurden zu Orten politischer Kundgebungen und im Zuge radikaler Bewegungen gewann das Getränk als Stimmungsmacher an Bedeutung.

Im 19. und frühen 20. Jahrhundert pflegte man das Klischee von der Münchener Gemütlichkeit. München war aber ebenso ein Ort sozialer Spannungen und politischer Konflikte. Die Stadt wurde – auch aufgrund ihrer Bierkultur – zum Nährboden für die ideologischen Glaubenskämpfe des 20. Jahrhunderts.

Biergärten – Oasen der Großstadt

Immer noch verdankt München seine viel zitierte Gemütlichkeit den Biergärten. Die kastanienbestandenen, grünen Oasen bieten im Sommer Erholung inmitten des Großstadtlebens. Einfache Tische und Bänke laden dazu ein, bei einer kühlen Maß in zwangloser Atmosphäre zu parlieren, zu philosophieren oder zu politisieren. Biergärten kennt man hierzulande seit dem frühen 19. Jahrhundert.

Früher durften die Wirte ihr Bier nur von einer Brauerei beziehen. 1805 wurde dieser »Bierzwang« aufgehoben. Weil die Brauer Verluste beklagten, gestand man ihnen sieben Jahre später zum Ausgleich das Schankrecht für ihre Lagerkeller vor der Stadt zu. Allerdings waren mit diesem sogenannten »Minutoverschleiß« Auflagen verbunden: Die Maß musste etwas billiger verkauft werden und es war verboten, Speisen anzubieten. Den Besuchern erlaubte man jedoch, eine selbst mitgebrachte Brotzeit zu verzehren. Daraus wurde ein typisch Münchener Brauch, der sich bis heute erhalten hat.

Schattenspendende Kastanien machen in der sommerlichen Hitze jeden Biergarten zum Anziehungspunkt. Ursprünglich wurden sie aber nicht als Sonnenschutz für die Biertrinker gepflanzt, sondern um das Bier in den unterirdischen Lagerräumen zusätzlich kühl zu halten. Die schnell wachsenden, großblättrigen Bäume eigneten sich dazu am besten. An schönen Spätsommertagen bildeten sie jedoch ein kleines Ärgernis. Immer wieder kam es vor, dass Kastanien in die Bierkrüge fielen. Ein zuklappbarer Deckel – angeblich eine Münchener Erfindung – half dieses zu vermeiden.

Blut fürs Bier

Die Bayern, wie sie der bayerische Geschichtsschreiber Johannes Turmair alias Aventinus im 16. Jahrhundert charakterisierte, waren Lebenskünstler von schwerfälligem Temperament: »Das bayerische Volk ist geistlich, schlicht und recht; es läuft gern auf Kirchfahrten, zu denen es auch reichlich Gelegenheit hat, und legt sich mehr auf Ackerbau und Viehzucht als auf den Krieg. Es trinkt gern, macht viele Kinder, ist etwas unfreundlich und eigensinniger, als Menschen, die nicht viel herumkommen, gern dabei alt werden und wenig Handel treiben ... Der gemeine Mann sitzt Tag und Nacht, vor allem die Festtage beim Trunk, schreit, tanzt und singt, kartet, spielt, hält große Hochzeiten, Totenmahle und Kirchtage. Aber er ist ehrlich und unsträflich, gereicht keinem zum Nachteil, kommt keinem zum Übel.«

Um die Bayern auf die Barrikaden zu bringen, bedurfte es einiger Anstrengung, doch Bierpreiserhöhungen konnten sie sogar zu blutigen Aufständen bewegen. Bier war für die Bayern ein ganz besonderer Saft. Seit dem Mittelalter hatte es ja den Status eines Grundnahrungsmittels, für das – gleich dem Brot – ein Richtpreis galt.

Für das einfache Volk stellte Bier oft einen Teil der Entlohnung dar. Die Bauern mussten für ihre Hilfskräfte täglich ein gewisses Quantum Bier auf den Tisch bringen, verweigerten sie das, hatten die Dienstboten das Recht, mehr Lohn zu verlangen. Für arme Landwirte konnte eine Bierpreiserhöhung also dramatische Folgen haben.

Die Biersteuer wurde zum Rückgrat des bayerischen Staatshaushaltes. Mit ihr wurden Königshäuser, Musentempel und Kriege finanziert. Wurde der Bierpreis erhöht, musste das Volk mit dem Schlimmsten rechnen.

Zu hitzigen Debatten um den Bierpreis kam es schon 1811 durch das »Biersatzregulativ«, eine Malzpreiserhöhung, die die Brauer zum Panschen verführte. 1818 erregte der »Malzaufschlag«, den man wiederum auf die Konsumenten abwälzte, die Gemüter.

In München gärt es

Die rasante industrielle Entwicklung lockte die Landbevölkerung in die Stadt. In den Vorstädten entwickelte sich eine neue Schicht von Armen, das Proletariat. 1830 machte Polizeipräsident von Rinecker die bayerische Regierung auf die sozialen Missstände aufmerksam:

»[Es] muss erwähnt werden, dass die Anzahl derjenigen, welche teils aus eigener Schuld, teils durch sonstige Einwirkungen Mangel leiden, in der Stadt und in der Umgebung nicht gering ist, da die Unzufriedenen und vermeintlich Unglücklichen aus dem Königreiche nach und nach sich hierher begeben haben und viele Familien, die mit Frau und Kindern ihre Ansässigmachung hier erhalten, dem Bettelstabe verfallen sind.«

Soziale Spannungen blieben nicht aus und die bittere Not zwang die Vorstädter zu Bettelei, Prostitution und Kriminalität. 1834 prophezeite ein Münchener Ordnungshüter: »Irgendwann aber wird's krachen ... dann aber wird was los sein, Leute!«

Sobald es um das »flüssige Brot« ging, war mit den kleinen Leute nicht zu spaßen. Das hatten auch die Brauer bald erkannt. Von ihrer profitablen Idee aus Trebern – Maischabfällen, die eigentlich an Schweine verfüttert wurden – ein preiswertes »Nachbier« für die Armen herzustellen, nahmen sie vorsichtshalber wieder Abstand.

Ein Rausch ist kein Luxus

Junge Männer schlossen sich in Burschenschaften zusammen, um über bürgerliche und vaterländische Freiheiten zu politisieren – und dabei die »altdeutsche, historische Trinkkultur« wieder aufleben zu lassen. Das Zechen in großer Runde wurde gesellschaftsfähig. Ein Bierrausch galt nicht mehr als Luxus, sondern als gutes Recht. Zu welchen Auswüchsen die neue »Kulturbewegung« führen konnte, schildert ein bissiger Artikel im »Münchener Panorama«:

»Ein Biertrinker, der den Namen verdient, ist stattlich beleibt, seine Hände sind fleischig, dick, die langen Finger sind nicht mehr wie durch Schwimmflossen verbunden, sondern sie stehen eben, gleich, wie kurze Bratwürste auseinander. Der Bauch ist schön aufgebläht und schlottert nicht, sondern er lässt sich gravitätisch vorwärts schieben. Der gewöhnliche Ausdruck des Auges ist ein festes ›Vorsichhinsehen‹, in der vulgären Sprache: Stieren oder Glotzen genannt. Während der Mund trinkt, offenbart sich darin aber ein hoher Grad an zärtlicher Schwärmerei. Nun endlich die Nase! Ein Schwamm im Entstehen – glühend wie ein roter Fingerhut ...«

In München kracht's

Im Jahr 1844 entbrannte in München der bayerische »Bierkrieg«. Das demokratische Aufbegehren gegen die Obrigkeit entzündete sich hierzulande an einem scheinbar elementaren Grundbedürfnis, dem billigen Recht auf »flüssiges Brot«. Über einen Zeitraum von 66 Jahren sollte es immer wieder zu Bierkrawallen kommen.

Als am 1. Mai der Bierpreis um einen halben Kreuzer

erhöht wurde, brach die »Revoluzzion« aus: »Zenzi zahl'n«, schrie schon recht ungeduldig der Soldat Korbinian Stiglmayer, denn es war höchste Zeit zum »Einpassier'n«. Die Zenzi präsentierte ihm die Rechnung: »Was 26 Kreuzer für vier Maß Bier, die dazu noch schlecht eing'schenkt waren,« empörte sich Stiglmayr im Münchener Maderbräu, dem heutigen »Weißen Bräuhaus« im Tal, und weigerte sich mit aller Vehemenz mehr als sechs Kreuzer für die Maß zu bezahlen. Die übrigen Anwesenden schlugen sich auf seine Seite und kurz darauf im Wirtshaus alles kurz und klein.

Dabei kam es zu einem kuriosen Intermezzo: Als plötzlich die Glocken der Heiliggeistkirche läuteten, nahmen die Radaubrüder die Hüte vom Kopf, bekreuzigten sich und verharrten in stiller Andacht. Kaum war der letzte Glockenschlag verklungen, setzten sie den Krawall umso wilder fort. Eine Viertelstunde später war kein Maßkrug und kein Fenster mehr heil. Noch tagelang demolierten die »Revoluzzer« in der Stadt weitere Gast- und Brauhäuser, bis die Brauherren die Preiserhöhung endlich kleinlaut zurücknahmen.

Tage »aecht bayerischer Besonnenheit«

Zu einem erneuten Versuch, den Bierpreis zu erhöhen, kam es im Herbst 1844. Wie Zeitzeugen berichten, endete auch dieser für die Brauherren kläglich:

»Dienstag, 17. Oktober.

Um 8 Uhr zogen Volkshaufen durch die Straßen ... bald darauf klirrten Fensterscheiben, krachten die Kreuzstöcke und donnerten die Fensterläden mehrerer Bräuhäuser unter den Würfen und Schlägen stürmender Massen ...

Mittwoch, 18. Oktober.

Die Tumulte von gestern hatten sich in vergrößertem Maße wiederholt ... Schon am Vormittag zog eine ... tumultierende Masse, bestehend aus Soldaten, Gesellen, halb erwachsenen Burschen und Weibspersonen nach dem Thal, und demolierte bei den Bräuern ... was ihnen unter die Hände kam ... und betrank sich auf offener Straße unter viehischem Gebrüll.«

Am Nachmittag des gleichen Tages stürmten sie »nach dem Pschorrbräuhause hin, zertrümmerten alles im Schanklokale, verwüsteten mehrere Braugeräthschaften und drangen in die Wohnung des Besitzers ... Klavier, Bilder, Stockuhren, Wäsche, Betten, Kleider, Stücke Leinwand, Silbergeräth, kurz alles wurde zertrümmert, zerrissen und zu den Fenstern hinabgeworfen. Die Bettfedern flogen nebst zerrissenen Banknoten in die Luft, als ob es schneite. Schmuck und Gold etc. wurden geraubt, da sich unter das Volk auch viel Gesindel gemischt hatte ... Das Leben der Pschorr'schen Eheleute, welche sich unter der Stiege versteckt hatten, war in äußerster Gefahr.«

Die nächste Attacke galt dem »Löwenbräu«. Die Jagd nach den Besitzern blieb auch hier erfolglos. In einer abenteuerlichen Fluchtaktion konnte sich die Familie im letzten Augenblick mit einem Strick aus dem dritten Stock ihres Wohnhauses in den Hinterhof abseilen und unbehelligt fliehen.

Franz Xaver Gabelsberger, Erfinder der Kurzschrift, resümierte: »Die Revolte wegen dem Biere lief, wenn man so sagen darf, mit einer solchen Ordnung und aecht bayerischer Besonnenheit ab, dass außer den Bräuhäusern, auf welche der derbe Unwille der Volksmasse und des Militärs selbst gerichtet war, keines Menschen Eigenthum beschädiget oder gefährdet war. In den den Brauern gehörigen Häusern blieb allerdings kein

Fenster bis in den dritten Stock hinauf, keine Thüre, kein Laden, kein Tisch noch Stuhl, kein Ofen noch Uhr, kein Geschirr usw. mehr ganz.«

Die Gendarmerie hatte in diesen Tagen »aecht bayerischer Besonnenheit« immerhin sieben Schwer- und 34 Leichtverletzte zu beklagen. Doch die »Revoluzzer« hatten ihr Ziel erreicht und das Bier wurde wenige Tage später wieder zum alten Preis verkauft.

Die »Menterschwaige« – Wirtshaus und Liebesnest

Die Bierkrawalle beschränkten sich damals noch auf die Stadt, in den Landgasthöfen herrschte Frieden. Das Gebäude der »Menterschwaige«, vor den Toren Münchens gelegen, wurde erstmals im Jahr 1012 urkundlich erwähnt. Später wurde es zu einem Versorgungshof des Königshauses mit einem prächtig ausgestatteten Marstall. 1803 richtete man hier ein Wirtshaus ein. In der freien Natur suchten immer mehr Bürger Entspannung vor dem Lärm und der Enge der wachsenden Großstadt.

Die »Menterschwaige« wurde zu einem Treffpunkt aller Gesellschaftsschichten: Flößer, Tagelöhner, Handwerker, Bürger, Künstler, Gelehrte, Adelige und sogar gekrönte Häupter versammelten sich hier beim Bier. Auch König Ludwig I. hatte Gefallen an dem Ausflugslokal gefunden. Hier gründete er mit befreundeten Künstlern die Gesellschaft »Alt-England«, der auch Josef Stieler angehörte, der Porträtist der Tänzerin Lola Montez.

Der greise Ludwig hatte zu der ehrgeizigen, jungen Frau zarte Bande geknüpft. Auf der Flucht vor der eifersüchtigen Königin soll Lola im Nebenhäuschen der

»Menterschwaige« eine Zeit lang Quartier bezogen haben. Hier fand angeblich so manches Stelldichein mit dem König statt.

Liebesrausch und Revolution

Das Auftreten von Lola Montez im Jahr 1848 verschärfte die revolutionären Märzunruhen in Bayern. Die Affäre des Königs mit der Tänzerin weitete sich zur Staatsaffäre aus: Lola, von Ludwig in den Adelsstand erhoben, gab sich mit dem Status einer Mätresse nicht zufrieden. Sie versuchte den König ganz für sich zu gewinnen und Einfluss auf die Landespolitik zu nehmen. Ludwig I. konnte sich ihrem Charme nicht entziehen und kam gegenüber den demokratischen Freigeistern seiner Regierung zunehmend in Rechtfertigungszwang. Immer heftiger begehrte das Volk gegen die als »spanische Fliege« beschimpfte Geliebte auf. Die Unruhen eskalierten in einem Sturm auf das Münchener Zeughaus. Schließlich wurde Lola Montez aus der Stadt verjagt und Ludwig I. dankte am 20. März 1848 zugunsten seines Sohnes Maximilian ab.

Als im Herbst der Bierpreis erhöht wurde, war die Stimmung durch die Montez-Affäre noch immer aufgeheizt. In einem aufgewärmten Revolutions-Rausch zogen am Abend des 17. Oktober randalierende Gruppen durch die Stadt. Diesmal verlangte man eine Preissenkung der Maß Bier von sechs auf vier Kreuzer. Die Masse demolierte in blinder Wut Wirtsstuben und Geschäfte. Gendarmerie und Militär zogen sich teilweise aus den Gefechten zurück und kollaborierten vereinzelt mit den Revoluzzern. Im Kampf um den Bierpreis kamen diesmal sogar Menschen zu Tode.

Die »Preußen« sind an allem schuld

Die Bierkrawalle im Juni 1866 forderten erneut Todesopfer. Zwei Münchener starben, acht Menschen wurden schwer und über hundert leicht verletzt. Die Preußen, gerade im Krieg um die Vorherrschaft im Deutschen Bund mit den anderen deutschen Staaten, mussten jetzt als Sündenböcke für die Auseinandersetzungen um den Bierpreis herhalten. Chlodwig zu Hohenlohe-Schillingsfürst, der damalige bayerische Ministerpräsident, kommentierte die Unruhen:

»Gestern Abend (2. Juni) war wieder Bierkrawall im Münchener Sterngarten. Die Landwehr schoss auf Tumultuanten, wobei ein Mensch getötet und zwei verwundet wurden ... Dass dieser Unfug – die Bierkrawalle – durch bezahlte Leute veranlasst wird, unterliegt gar keinem Zweifel ... Die Liberalen sagen, es seien die Ultramontanen [streng christlich Gesinnte], die Revolution machen wollen, um Ludwig II. zu vertreiben, andere wiederum behaupten, es seien Bismarck'sche Agenten, die den Spektakel veranlassten, um Bayern zu nötigen, einen Teil seiner Truppen von der Grenze ab und nach dem Inneren zu ziehen.«

Bier-Boykott

Schließlich entdeckten die Bayern im Boykott eine sanftere Variante des Bierkampfs. Die Arbeiter der Münchener Lokomotiv-Fabrik Krauss verkündeten, sie würden »bei diesem großkapitalistischen Preis keine Actienbrühe mehr trinken«. Die Maurer nahmen sich vor, sechs Wochen lang aufs Bier zu verzichten und statt dessen lieber Milch zu sich zu nehmen. Aufmerksamen

Beobachtern entging es jedoch nicht, dass nun allabendlich Ehefrauen oder Kinder mit Milchkannen die Gassenschenken der Münchener Wirtshäuser aufsuchten.

Die Unruhen wegen des Bierpreises hatten nun auch die Landbevölkerung ergriffen. Sie unterstützte den Bier-Boykott – zumindest offiziell. Der Versuchung konnten nicht alle widerstehen: Im Dorf Oberneuching bei Erding beispielsweise konnte man abends »viele der lieblichen Töchter aus dem Wirtshaus wandeln« sehen, mit »merkwürdigen Gegenständen unter der Schürze«, die Bierflaschen »verflucht ähnlich« sahen.

Limonade zu trinken, galt für gestandene, bayerische Mannsbilder geradezu als sittenwidrig. Doch in den Zeiten des Bierstreiks opferte so mancher seinen Stolz den höheren Zielen. Der Schriftsteller Ludwig Thoma, Kenner der bayerischen Mentalität, lässt dazu seine berühmte Figur, den Landtagsabgeordneten Josef Filser, sorgenvoll bemerken: »Das ädle Baiernherz mus fohler Unmut sein, bald es einmal Limanahdi trinkt.«

Lange hielt den Bier-Boykott keiner durch. Dafür fand man gute Gründe. Anscheinend bedeutete der Verzicht auf den geliebten Gerstensaft Gefahr für Leib und Leben – so stand es zumindest in der Zeitung: »Der Bierboykott kann als verloren gelten ... Das Wasser verursacht unseren Arbeitern heftiges Leibweh und starken Durchfall. In einer Maschinenwerkstätte mussten sich 17 Arbeiter wegen zu ›starken Wassergenusses‹ in ärztliche Behandlung begeben. Unsere bayerischen Mägen können eben Wasser auf die Dauer nicht vertragen. Der Bierboykott macht unsere Arbeiter krank und hinfällig. Daran stirbt der Bierboykott.«

Drei-Quartel-Maß

Anlass zu Beschwerden boten immer wieder die Schankgewohnheiten. Ein verärgerter Biertrinker machte seinem Unmut über einen rabiaten Schankkellner in einem Vers Luft:

»Flink füllt er die Trinkgefäße
die das Publikum ihm beut
niemand tadelt die Gemäße
weil man Josephs Unmut scheut.
›Was ham S' g'sagt? Dös war vui zweni?
Eana richt' is extra z'samm!
Wissen S' solche Schlich die kenn' i
Weil S' vielleicht scho trunka ham!‹
und er reckt die derben Glieder
blickt den Frevler grimmig an
schweigend drückt der Gast sich wieder
Joseph dreht aufs Neu den Hahn«

Am Nockherberg versuchte man im Jahr 1888 eine Bierpreiserhöhung um einen Pfennig stillschweigend über die Einführung der »Dreiquartel-Maß« (= 3/4 Liter) zu kaschieren. »Wenn eich wos net passt, dann saufts a Wasser«, wies der Schankkellner die Gäste zurecht, als sie sich über die schlecht eingeschenkte Maß beschwerten.

Zylinderschlacht am Nockherberg

Diesmal drückte sich keiner! Die aufgebrachten Gäste vermöbelten als erstes den Schankkellner. Danach schlug sich ihr tätlicher Unmut auf alle Zylinderträger als Repräsentanten der besseren Gesellschaft nieder.

Letztendlich machte man die »Großkopferten«, die die Malzsteuererhöhung einfach auf den Bierpreis umlegten, verantwortlich. Jedem »Chapeau-claque«-Träger wurde der Hut ins Gesicht gezogen oder auf dem Kopf zusammengedrückt. Schließlich brach eine wilde Saalschlacht los, die erst durch den militärischen Einsatz der Schweren Reiter beendet werden konnte. Das Spektakel sollte unter der Bezeichnung »Ein-Pfennig-Zylinder-Protestschlacht« in die Annalen des bayerischen »Bierkriegs« eingehen. In der Zeitung war darüber zu lesen:

»Bei der in der Kellerhalle am Nockherberg entstandenen Salvatorschlacht vermochte die zu Hilfe gerufene Gendarmerie zu Fuß und zu Pferd ebenso wenig etwas auszurichten wie die gleichfalls reklamierte Wache vom Zuchthaus in der Au. Als die Maßkrüge verfeuert waren, stiegen die Hauptexzedenten auf das Dach, rissen die Dachziegel heraus und warfen damit. Endlich kam eine Abteilung von fünfzig Schweren Reitern, die mit Pfeifen und Johlen empfangen wurden. Sie aber ritt, davon wenig beeindruckt, in die Halle hinein und trieb die brüllende Menge mit flachen Säbelhieben auseinander. Es gab eine Masse von Verletzten, darunter auch Schwerverletzte, auf beiden Seiten.«

Starkbier-Pazifismus und Indianertänze

Ein zeitgenössischer Karikaturist bemerkte wiederum, ein »probates Mittel, die Kriegslust der Münchener zu dämpfen« sei die »Höhenluft auf dem Nockherberg und die Kraft des starken Bieres«. Beides mache »aus den Münchenern geradezu Pazifisten«. Dem polnisch-französischen Dichter Guillaume Apollinaire, der sich um die Jahrhundertwende für einige Monate in München aufhielt, konnte über die Stammesrituale der bayerischen »Pazifisten« nur staunen: »Da saßen Kopf an Kopf die bereits betrunkenen Saufbolde, grölten aus vollem Hals, schunkelten und schlugen die leeren Maßkrüge in Scherben.«

Einem Brauereibesitzer in Markt Schwaben hatte man als Warnung für eine angekündigte Bierpreiserhöhung den Stall angezündet, sein Vieh eine ganze Nacht durchs Dorf gejagt und um das Feuer, statt es zu löschen, wilde Indianertänze aufgeführt.

Das Bier wird teurer – die Welt geht unter

Im Jahr 1910 stand die Welt Kopf: Der Halleysche Komet kündigte angeblich für den 18. Mai den Weltuntergang an. In Bayern sah man diesem Tag mit Fassung entgegen. Hierzulande erregte eher die Tatsache, dass die Maß statt vierundzwanzig nun sechsundzwanzig Pfennig kosten sollte, die Leidenschaften und brachte die Volksseele zum Kochen. Eine »Bürger- und Bauerninitiative« rief in ganz Bayern zum Bier-Boykott auf. Als dieser nicht fruchtete, kam es zur Entscheidungsschlacht. Die Ereignisse in der Ortschaft Dorfen bei Erding bildeten den Höhepunkt der Bierkrawalle.

Krieg und Frieden in Dorfen

Die Dorfener Bevölkerung war der Obrigkeit schon zu Beginn des 18. Jahrhunderts unangenehm aufgefallen. Sie rügte, dass die Jugendlichen dort »ainzig und allein mit Spillen, Fressen und Sauffen ... und nächtlichen

Raupperein« beschäftigt gewesen seien und den Schulbesuch vernachlässigt hätten. Die Erwachsenen seien ihren Sprösslingen durch »allerlei Insolventien, Raupperein, unmäßiges Zechen« und »Sakramentieren« auch kein Vorbild gewesen. Für das ungezügelte Temperament der Einwohnerschar machte man schon damals übermäßigen Alkoholkonsum verantwortlich.

Die Bierpreiserhöhung im Sommer 1910 entfesselte in Dorfen einen Sturm an Emotionen. Unter bürgerkriegsartigen Tumulten steckte man im Revolutions- und Bierrausch gleich mehrere Brauereigasthöfe in Brand.

In einer Dorfener Festschrift ist über die damaligen Ereignisse zu lesen: »Trotz eifrigen Einsatzes der Feuerwehren ... griff der Brand auf die benachbarten Häuser über ... Der Tag war heiß und das Wasser machtlos gegen einen Zorn, den das Bier entfacht hatte ... Die Dorfener Bierbrauer, in ehrlicher Erbarmnis mit ... [denen], die sich an den Feuerspritzen abmühten, ließen Bier herbeischaffen, in Krügen zuerst und als die ... nicht ausreichten in Milchkannen ... In dieser Flut von Bier wurde der Brandtag zu einem solennen Ereignis und vielleicht wäre alles in eitel Wohlgefallen zu Ende gegangen, wenn nicht diese ungezählten Hektoliter Löschbier die Sinne vollends getrübt hätten.«

Die Dorfpolizei stand dem Treiben machtlos gegenüber: »Schon während der Löscharbeiten konnte zumal unter den auswärtigen Feuerwehren eine gewisse Unlust zum Löschen beobachtet werden. Die Löscharbeit wurde auch noch dadurch erschwert, dass Betrunkene sie zu verhindern versuchten. Die anwesenden drei Gendarmen waren den zweihundert betrunkenen und randalierenden Burschen gegenüber machtlos. Sie wurden wie Gummibälle herumgeworfen und mussten sich dann eben zurückziehen.«

Die Randale ging weiter, bis der halbe Ort in Schutt und Asche lag. Schließlich lenkte der Brauereibesitzer Bachmayer ein und nahm die Preiserhöhung zurück. Die »Revoluzzer« feierten ihren Erfolg – natürlich beim Bier.

»Bei der späteren Gerichtsverhandlung im Münchener Justizpalast trat bei den meisten Zeugen eine merkwürdige Gedächtnisschwäche ein. Selbst die betroffenen Brauereibesitzer, der Ökonomierat Bachmayer und Hörmann, konnten keine Beteiligten mehr namhaft machen ... Auch verzichteten die beiden darauf, einen Strafantrag zu stellen und als Nebenkläger aufzutreten«, so heißt es in einer Dorfener Chronik. Die »Gedächtnisschwäche« der Zeugen und die Großzügigkeit der Brauherren belebte sicher das Geschäft im wieder eingekehrten Bierfrieden.

Stammtischbrüder

Beim Bier wird geklatscht, getratscht, verhandelt, gerauft, politisiert und revoltiert – am liebsten am Stammtisch in vertrauter Atmosphäre. Ein Stammtischbesuch pro Woche würde sogar vor der Behandlung durch den Psychiater bewahren, behauptet der Hamburger Psychologie-Professor Hugo Schmale.

Mit dem Stammtisch waren in Bayern früher strenge Rituale verbunden. In ländlichen Gegenden gab es eine hierarchische Sitzordnung. Die Großbauern, der Pfarrer und der Förster saßen gemeinsam an einem Tisch, die Mittelbauern und Knechte an einem anderen. Fremde hatten am Stammtisch nichts verloren. Wer am Stammtisch sitzen durfte, bestimmte die Dorfgemeinschaft. Wer sich anderswo platzieren musste, galt als Fremdling.

Das Wirtshaus als Wohnstube

In der bedrückenden Enge der Vorstädte, wo die Wohnungen winzig und ungemütlich waren, wurde das Wirtshaus zur zweiten Heimat der kleinen Leute. Die »Zuagroasten« knüpften in der Wirtschaft erste Kontakte und bekamen Gelegenheit, sich einen Platz in der neuen Umgebung zu erobern. Hier wurden gemeinsame Anliegen besprochen und Vereine aller Art gegründet. Bayerische Beamte sollen dort rund vier Stunden täglich verbracht haben, schrieb Ministerpräsident von der Pfordten 1861. Für die Abendunterhaltung sorgten bescheidene, kulturelle Darbietungen. Meist war man unter seinesgleichen. Berührungspunkte mit der besseren Gesellschaft gab es kaum. Die feinen Leute kehrten in noblen Wirtshäusern ein, die sich andere gar nicht leisten konnten.

Gedeckte Tische gab es im 19. Jahrhundert nur in vornehmen Etablissements. Der gewöhnliche Gast saß an einfachen, gescheuerten Holztischen. Tischdecken, Servietten und Zahnstocher galten lange Zeit als Luxus, und das Besteck wurde zum Schutz vor Diebstahl mit kleinen Ketten am Tisch befestigt. Die Broschüre »Der Münchener im socialen Lichte« war bemüht, die wahren Hintergründe der hiesigen Wirtshauskultur zu enthüllen:

»Das gesellige Leben ist im alten München nicht auf der Grundlage der Familie entstanden, wie anderwärts. Es ist kein gastlich erweitertes Haus, sondern eine Flucht aus dem Hause. Das Wirtshaus ist die Lebensschule des Müncheners wie des hier weilenden Fremdlings. Es ist beschämend und ist mehr als abgedroschen; aber es muss ausgesprochen werden: Die Genusswelt des alten Müncheners concentriert sich in seinem Nationalgetränk. Das war sein einziger Luxus und sein Stolz; alle anderen Charakterzüge des alten

Münchener treten tief in den Schatten gegenüber Hopfen und Malz.«

Wer sein Bier dennoch lieber zu Hause trinken wollte, kam um das Wirtshaus nicht herum. An der Gassenschänke holten meist Frauen und Kinder mit dem »Keferloher«, einem irdenen Maßkrug, die Dreiquartel für den Feierabendtrunk.

Münchens älteste Wirtin

Die Gassenschenke war für die Wirtin Anna Hoffmann lange Zeit eine einträgliche Einnahmequelle. Durch die Entstehung der Getränkeabholmärkte beklagt sie einen starken Rückgang des Umsatzes. Anna Hoffmann wurde 1907 geboren und stammt aus Kötzting im Bayerischen Wald. 1924 kam sie nach München, wo sie ihren Ehemann, einen Gastwirt, kennen lernte. Seit 1937 ist sie Wirtin im Westend. Dreißig Jahre lang führte sie die »Bergmannsquelle«, 1967 übernahm sie die Gaststätte »Geroltsteiner Hof«, wo sie heute noch hinterm Tresen steht.

Sechs Tage die Woche arbeitet die hochbetagte Frau in ihrer Gastwirtschaft, zwei bis drei Tage davon hilft ihre Tochter aus, ansonsten bestreitet sie alles allein. Ein Leben ohne Wirtschaft, sagt sie, wäre für sie unvorstellbar. Den Stammgästen ist das bescheidene Wirtshaus der rüstigen, alten Dame seit Jahrzehnten eine Institution. Es ist eine der letzten traditionellen Gaststätten in dem ehemaligen Arbeiterviertel.

Früher war das Wirtshaus eine Männerdomäne. Frauen duldete man hier allenfalls bei besonderen Feierlichkeiten, es sei denn, sie arbeiteten dort als Kellnerinnen.

Fräulein, zahlen!

Um die Jahrhundertwende war das Kellnern einer der härtesten Frauenberufe. In der Mehrzahl aus kleinen und kleinsten Verhältnissen stammend, mussten sich die Frauen meist schon in sehr jungen Jahren als Biermädchen oder Krüglputzerinnen verdingen, um sich langsam in den Status einer Kellnerin hochzuarbeiten. Ihre Pflichten standen in grobem Missverhältnis zu ihren Rechten und die Wirte beuteten sie meistens schamlos aus. Das »Fräulein« – eine bis in unsere Tage gebräuchliche, respektlose Anrede für die Bedienung jeden Alters – betrachtete man als kostengünstige Subunternehmerin, der man einen Großteil der Risiken aufbürdete.

»Die Lage der Kellnerinnen ist keine beneidenswerte. Viel Arbeit und wenig, zum Teil gar kein (Fest)-Lohn, das Angewiesensein auf Trinkgelder der Gäste und die vielfach damit verbundenen ›Liebenswürdigkeiten‹ ist für sie durchaus die Regel«, stand 1898 im Jahresbericht des Münchener Gewerkschaftsvereins.

Die Tatsache, dass der Lebensunterhalt überwiegend aus Trinkgeldern bestritten werden musste, machte das Kellnern zu einer anrüchigen Tätigkeit. Die schlimmen Zustände der Frauenarbeit im Allgemeinen und die Arbeit der »Bedienung« im Besonderen prangerte eine Frauenrechtlerin an:

»Die schamlose Ausbeuterei der Mädchen und Frauen, die Ausschindung der Sklavinnen ... das Elend in den Fabriken ... Wirtschaften, Kneipen, Kaffeehäusern, alles muss ans Tageslicht gezogen werden ... Die Kellnerinnen bekommen sehr oft keinen Lohn und sind nur auf Trinkgelder und auf einen Nebenerwerb angewiesen, dessen nähere Bezeichnung uns die Scham verbietet ... Summa: Der Lebensweg dieser tief beklagenswerten

Geschöpfe läuft in den allermeisten Fällen in den folgenden zwei Richtungen aus: Überanstrengung, Mangel an Nahrung, Siechtum, Tod – Sünde, Schande, Verbrechen, Gefängnis, Verzweiflung, Tod.«

Die Schriftstellerin Lena Christ (1881–1920) beschreibt in ihrem Roman »Erinnerungen einer Überflüssigen« die alltäglichen Zudringlichkeiten männlicher Gäste während ihrer Arbeit im elterlichen Wirtshaus:

»Am meisten zuwider war mir der Aufenthalt in der Gaststube. War ich bei den Gästen ernst und schweigsam, so schalt die Mutter, dass ich ihr die Leute vertreibe; war ich aber freundlich und heiter, so nützten das viele rohe und wüste Kerle aus und belästigten mich nicht nur mit allerhand Zoten und zweideutigen Fragen,

Ein Prosit der Gemütlichkeit

sondern quälten mich manchmal in der unsaubersten Weise, indem sie mich an den Beinen fassten, Küsse verlangten oder sonstige aufdringliche Zärtlichkeiten versuchten.«

Eine andere Bedienung klagte: »Der Kellnerinnenberuf ist der schwerste und dabei der wenig geachtetste Beruf, das kommt davon, dass man keinen Gast auf die Hand hinaufschlagen kann, wenn er zudringlich wird.«

Vergnügungstempel für die Massen

Über einen Mangel an Arbeitsplätzen mussten sich die Kellnerinnen nicht beklagen. Im Zuge der Industrialisierung wurden immer mehr Brauereien in die Vorstädte verlegt und die ehemaligen Sudhäuser der Innenstadt in Großgaststätten umgewandelt. Zwischen 1880 und 1902 entstanden in München an die zwanzig Bierpaläste, in denen jeweils mehrere Tausend Gäste gleichzeitig verköstigt werden konnten. Für die Unterhaltung sorgten Volkssänger, Varieté, Tingeltangel und Tanzveranstaltungen. Den Ansprüchen der Besucher aus allen Gesellschaftsschichten suchte man mit den verschieden gestalteten Räumlichkeiten gerecht zu werden.

Der berühmteste Bierpalast der Welt

Ein klassenloses Nebeneinander beim Bier gab es nur in den Biergärten und im Münchener »Hofbräuhaus«. Eine seiner Attraktionen bestand darin, dass die Maß dort, aufgrund einer königlichen Anordnung, immer etwas preiswerter angeboten wurde, als in den übrigen

Wirtshäusern. Das alte Brauhaus, dem früher nur eine einfache Schenke angeschlossen war, wurde 1897 von einem Massenvergnügungspalast im bürgerlichen Neu-Renaissance-Stil abgelöst. Das Brauen verlegte man ab 1896 in eine größere, zeitgemäße Bierfabrik an der Inneren Wiener Straße.

Schlechthin galt das »Hofbräuhaus« schon um die Jahrhundertwende als Inbegriff bayerischer Gemütlichkeit, doch nicht jeder fühlte sich in dem Massenbetrieb wohl:

»Dort geht es unsauber genug zu, jeder muss sich im Sommer selbst bedienen, vor allem sich einen Steinkrug zu erobern suchen, den er am Brunnen ausspült. Nun muss man sich die auf dem Zinndeckel eingravierte Nummer merken und mit dem abgezählten Gelde in der Hand zum Zapfen gehen, dort nimmt ein Bräuknecht Krügel und Geld in Empfang und ruft nach einer Minute die Nummern der eingelieferten, nun gefüllten Maßkrüge laut aus ... Wer nicht gleich scharf zupackt, riskiert Krug und Inhalt zu verlieren. Alle Volksklassen sitzen ungeniert untereinander, jeder bringt sich, was er dazu essen will, selbst mit, Käse, Schinken, Wurst, Brot, Papier und alle Überreste der Speisen wirft jeder unter den Tisch.«

In einem Münchener Reiseführer von 1860 heißt es, dass die Qualität des Biers über alle Unannehmlichkeiten des Hofbräuhauses hinwegtrösten könne:

»Diese Münchener Berühmtheit ... wegen steten Besuches nie recht zu reinigen, zu trocknen und zu lüften, die Geschirre aus demselben Grunde mehrerenteils unrein, das Dienstpersonal trotz der anderweitig guten Haltung stets bis zur Erschöpfung fatiguirt. Rechnet man hinzu die unsägliche Mühe, einen Krug Bier zu erlangen, wobei man durch das Waschen der Krüge nasse Hände und vom Stehen und Getretenwerden schmutzige Hosen und Stiefel bekommt, so hat man die Reize desselben. Für alle diese Mühen entschädigt der eroberte, herrliche Trunk.«

Prominente Gäste

Die Nackt-Tänzerin Josephine Baker, die in den Golden Twenties durch ihren »Bananentanz« Berühmtheit erlangte, zählte bei ihrem München-Aufenthalt auch zu den Gästen des Hofbräuhauses. Der Schriftsteller Thomas Wolfe machte die Großgaststätte am Platzl 1939 in ganz Amerika als einmaliges Vergnügungsparadies bekannt. Im Roman »The Web and the Rock« (dt.: Geweb und Fels) verarbeitet er seine Eindrücke literarisch:

»Abends wanderte er durch die Straßen und ging in die übervollen Lokale. Er suchte den bierumnebelten Lichterglanz und stürzte sich in das brüllende Toben des Hofbräuhauses, schwang mit dem Rhythmus dieses lärmenden Lebens, atmete die Luft, badete sich in der Wärme, im Gedränge, in der mächtigen Gemeinschaft dieser riesigen Körper und trank einen Maßkrug nach dem anderen von dem kalten dunklen Starkbier. Er schunkelte und torkelte, er brüllte, sang und johlte mit der schwankenden Menge und fühlte ein erschreckendes Jubilieren, weinte verrückte Lust in sich.«

Schlagende Argumente

Für Wolfe persönlich gab es eine schmerzhafte Begegnung mit der geliebten Münchener Bierkultur. Auf dem Oktoberfest wurde ihm bei einer Auseinandersetzung ein Maßkrug so heftig auf den Kopf geschlagen, dass er anschließend ärztlich versorgt werden musste. Seine Leidenschaft für München blieb aber trotz dieses Vorfalls ungebrochen.

Ein Übermaß an Bier konnte die Gefühle feinsinniger Kunstliebhaber zum Überschäumen bringen. Alfred Pringsheim, der Schwiegervater von Thomas Mann, war als eifriger Wagnerianer bekannt. In einer heftigen Kontroverse über den verehrten Komponisten soll er als letztes Argument seinen Maßkrug auf dem Schädel seines andersdenkenden Tischnachbarn zertrümmert haben. Diese Unbeherrschtheit verhalf Pringsheim zu dem Spitznamen »Schoppenhauer«.

In München wird es ungemütlich

Schon vor der Jahrhundertwende kam es in München zu starken sozialen Spannungen. Eine mächtige Unternehmerschicht, deren Spitze die Brauherren bildeten, stand einem neuen Industrieproletariat mit seinen existentiellen Problemen gegenüber. Der amerikanische Historiker David Clay Large schreibt:

»Unter Prinzregent Luitpold ... wurde München oft als ›harmonische‹ und ›klassenlose‹ Stadt charakterisiert. In Wirklichkeit war die Prinzregenten-Ära eine Zeit sich verschärfender, sozialer Disharmonien und wachsender, politischer Spannungen. Denn die ›gute, alte Zeit‹ Luitpolds war gekennzeichnet durch ein beschleunigtes Bevölkerungswachstum, durch ethnischen Wandel und industrielle Expansion.«

Die Biersäle – Zentren der Arbeiterbewegung

München wurde zum Austragungsort der ideologischen Kämpfe des 20. Jahrhunderts. Als Forum dienten die Bierpaläste. Nirgends gab es größere, der Öffentlichkeit zugängliche Räumlichkeiten. Als Versammlungsorte für politische Massenkundgebungen schienen sie wie geschaffen. Zunächst entdeckten Linksgesinnte die Biersäle in den Arbeitervierteln Haidhausen und Giesing für ihre politischen Agitationen. Die Treffpunkte waren populär und man konnte auf die Anhängerschaft der kleinen Leute hoffen.

Der »Münchener Kindl Bräu« war mit 3200 Quadratmetern Garten- und Saalfläche einer der größten Bierkeller der Welt. Hierher kam die Friedenskämpferin Rosa Luxemburg aus Berlin, um eine flammende Rede gegen das »unsinnige Wettrüsten« und die Bewilligung von Kriegskrediten für den Ersten Weltkrieg zu halten. Eine große Zuhörerschaft spendete der engagierten Politikerin Beifall, doch ihr Einsatz war vergeblich.

Bierkrug-Razzia und Dünnbier

Als 1914 der Krieg ausbrach, lag München in trunkenem Freudentaumel: »Das Bier floss in Strömen, Gaststätten aller Art waren überfüllt. In den zum Bersten vollen Bierkellern wurden die Soldatengruppen in ihren neuen, feldgrauen Uniformen freigehalten. Immer wieder intonierten die Kapellen: ›Lieb Vaterland magst ruhig sein‹ und alles sang mit. Die Männer rissen sich dabei die Hüte von den Köpfen, viele stiegen auf die Stühle, während ihnen vor Begeisterung die Stimmen versagten und die Augen tränten.«

Statt des angekündigten, schnellen Sieges folgte das Grauen eines langen Stellungskrieges sowie Elend und Hungersnot zu Hause. Die Großbrauereien erlebten ihren ersten großen, wirtschaftlichen Einbruch. Das Exportgeschäft litt unter den kriegerischen Auseinandersetzungen. Die meisten Arbeiter waren für den Kriegsdienst eingezogen worden. Rohstoffe und Getreide waren knapp, es durfte nur noch Dünnbier produziert werden. 1916 verfügten die Brauereien nur noch über 25 Prozent des üblichen Malzkontingents, im folgenden Jahr waren es nur mehr zehn Prozent.

Die Kupferhauben der Sudpfannen mussten dem »Vaterland« für die Waffenproduktion zur Verfügung gestellt werden. In den Gaststätten veranstaltete man »Bierkrug-Razzien«, indem man die Zinndeckel der Bierkrüge konfiszierte, um daraus »kriegswichtigere Gegenstände« herzustellen.

»Schlawiner« beim Münchner Bier

Lenin, der spätere Führer der russischen Oktoberrevolution von 1917 bezog im Herbst 1900 als Herr Meyer in der Münchner Kaiserstraße 14 zwei Hinterzimmer. Oft war er in der Stadtbibliothek, manchmal auch im »Hofbräuhaus« anzutreffen. Das Münchener Bier hat auch auf Lenins Ehefrau Nadeschda Krupskaja Eindruck gemacht. Über einen letzten München-Aufenthalt im Sommer 1913 schrieb sie: »Wir verbrachten die Zeit zwischen den Zügen im ›Hofbräuhaus‹, das durch sein ausgezeichnetes Bier berühmt ist.« Lenin »lobte mit Kennermiene das Münchner Bier« und sinnierte über die Initialen »HB« auf den Maßkrügen. Die Buchstaben bedeuten in russischer Schrift »N« und

»W«; das sind die Kürzel für »Narodnaja Wollja« (Volkswille).

Politische Aktivisten, Künstler und Gelehrte strömten damals aus Russland nach München. Kathi Kobus' Gaststätte »Simpl« wurde zum Treffpunkt der internationalen Bohème. Die Schwabinger nannten die zugereisten Slawen »Schlawiner«.

»Im Simplicissimus der Kathi Kobus [fluktuierte] die Geistigkeit Münchens in all ihren Verästelungen und Cliquen und man konnte an manchen Abenden die heterogensten Elemente der Literatur und Kunst an den verschiedenen Tischen vertreten sehen, beim Eintritt einander freundschaftlich zuwinkend, höflich begrüßend oder feindselig schneidend«, schrieb der Schriftsteller und Anarchist Erich Mühsam. Im »Simpl« formierte sich während des Ersten Weltkriegs der geistige Widerstand gegen den wachsenden Einfluss des konservativen Zentrums in Bayern – vor allem aber gegen die Politik Kaiser Wilhelms II.

Die Räterepublik

Zu den Stammgästen des »Simpl« zählte der Revolutionär Kurt Eisner. Der unabhängige Sozialist wurde zum führenden Kopf der Münchener Räterepublik. In den Münchener Bierpalästen, der »Kolosseum-Bierhalle« und dem »Mathäserkeller«, trug er seine Ziele der Münchener Arbeiterschaft vor. Verbittert über den verlorenen Krieg, Hungersnot und wachsendes, soziales Elend folgten die Arbeiter der Proklamation Eisners, als er am 8. November 1918 die »Bayerische Republik« ausrief. Der König war bereits geflohen, als Eisner im besetzten Landtagsgebäude die Monarchie für beendet erklärte. Eisner übernahm provisorisch das Amt des Ministerpräsidenten. Ohne Blutvergießen war Bayern über Nacht zur Republik geworden.

Der bayerische Schriftsteller Oskar Maria Graf äußerte jedoch Zweifel:

»Diese Münchener Revolution war ein Gaudium für ihre Gegner. Sie war langweilig, sie war harmlos, sie war unerträglich. Sie war eine Posse, noch dazu eine schlechte. Der König war abgesetzt, ja! Überall entfernte man mit großem Eifer die Hoflieferantenwappen. In den Versammlungen redeten sie große Töne, dann zog man wieder mit Fahnen und Geschrei durch die Straßen wie ein polternder Veteranenverein. ›Nieder!‹ und ›Hoch!‹, schrie man und wusste kaum warum. Die Reichen lebten noch genauso herrlich und in Freuden, sie hatten sich mit Hamsterwaren eingedeckt, saßen in vornehmen Hotels und Restaurants und kein Mensch krümmte ihnen ein Haar. Drohende Erlasse gegen das Schiebertum klebten überall, aber die Gemeinten lachten höhnisch darüber. Die Bürger schimpften schon wieder, die revolutionsfeindlichen Parteien trieben dreisteste Hetze, die Zeitungen spotteten über Eisner, die Studenten konspirierten und die Arbeiter wurden verhaftet oder beschossen, wenn sie mit Forderungen kamen.«

Die Ermordung Eisners am 21. Februar 1919 radikalisierte die Bewegung: In der »Unionsbrauerei«, in der »Bergbrauerei«, am »Nockherberg«, im »Löwenbräukeller« und im »Hofbräuhaus« fanden Massenversammlungen von Arbeiter- und Soldatenräten statt. Am 7. April 1919 wurde die »Räterepublik Bayern« ausgerufen.

Die »Weißgardisten«, maßkrugschwingende Freikorpstruppen vom Land, marschierten in München ein und erklärten die Befreiung der Stadt von den »Roten« zu ihrem heroischen Ziel. Für den überzeugten Pazifisten Oskar Maria Graf gab es nur eine wirksame Methode sich zur Wehr zu setzen:

»Generalstreik! Einfach einen ganz radikalen Generalstreik. Die Reichen und die Bürger spüren ja doch nichts von der Revolution ... Wenn kein Wasser, kein Licht, kein Brot, überhaupt gar nichts mehr da ist, dann ist's aus mit der Gegenrevolution ... Da braucht man nicht schießen, bloß keinen Streich mehr tun.«

Doch es kam zu blutigen Auseinandersetzungen. Die Gegenrevolution stürmte die letzten Bastionen der »Roten Armee«, den »Mathäserkeller« im Zentrum, die »Unionsbrauerei » in Haidhausen und die »Bergbrauerei« in Giesing. Im Garten des »Hofbräukellers« in Haidhausen fanden zwölf, angeblich linksgesinnte Arbeiter, ein trauriges Ende. Sie wurden dort von »Weißgardisten« auf grausame Weise niedergemetzelt.

Kurt Tucholskys Resümee

»Eines Morgens wachten die Münchener Bürger auf und entdeckten zu ihrem Erstaunen, dass sie in einer Räterepublik waren, noch dazu in einer von ›Schlawinern‹ gegründeten, von ›landfremden Elementen‹, (wie heute jeder Bauer jeden Mann nennt, der da geboren ist, wohin er nicht mehr spucken kann) – und da saßen sie hinter Maßkrügen und staunten in die Welt. Es war eine bittere Zeit. Wenn man die Leute fragt, was sie eigentlich damals auszustehen gehabt hatten, dann sagen sie alle dasselbe: nämlich im Grunde gar nichts ... Als man die Münchener Spießer von außen her befreit hatte, zogen die ›siegreichen Truppen‹ [die Weißgardisten], in die bayerische Residenz ein ... – Rache! Rache! ... Die ›Schlawiner‹ wurden vor Volksgerichte gestellt ... und die Räteregierung Münchens büßte ihr Verbrechen mit 519 Jahren, 9 Monaten Freiheitsstrafe, ein Todesurteil wurde gefällt (Leviné); drei Führer wurden von Soldaten ermordet.«

Die Russ'n -Maß

An die Tage der Münchener Räterepublik erinnert die »Russ'n-Maß«. Angeblich soll sie im »Mathäserkeller«, dem letzten umkämpften Hauptquartier der Kommunisten, »Russ'n« genannt, erfunden worden sein. Bei dem Getränk handelt es sich um eine Mischung aus Zitronenlimonade und Weizenbier. Ob damals das Bier aus Mangel gestreckt oder die Mixtur verordnet wurde, um einen klaren Kopf zu bewahren, lässt sich allerdings nicht mehr rekonstruieren.

Die Erfindung der Radler-Maß

Nach den aufreibenden Ereignissen der Räterepublik gingen die Münchener dankbar zur Tagesordnung über. Dazu gehörte am Wochenende eine Radltour ins Grüne, am liebsten zur »Kugleralm« – ursprünglich eine »Kantine der Königlich-Bayerischen Eisenbahn zu Deisenhofen«. Bei einer kühlen Maß suchte man dort Erholung. Ein findiger Wirt sorgte schon Anfang der 20er Jahre für »Erlebnisgastronomie«. Franz Xaver Kugler, ein Münchener Original, bot seinen Gästen neben der Verköstigung eine Kegelbahn, einen Tanzpavillon, Schießstände, Karussels, Galopprennen und Sackhüpfen für Erwachsene. »Dieses massige, rund drei Zentner schwere Mannsbild mit seinem sorgfältig gepflegten Bismarck-Schnauzer, den suppentellergroßen Händen und der polternden Stimme hatte ein angeborenes Gespür für alles, was bei den Gästen ankam«, bemerkte ein Zeitzeuge.

An einem heißen Samstag im Juni 1922 suchten Tausende von Radfahrern die populäre Ausflugsgaststätte auf. Mit diesem Ansturm hatte selbst der gewiefte Gastwirt nicht gerechnet und die Biervorräte drohten zur Neige zu gehen. Kugler bewies Improvisationstalent und streckte in seiner Not den Gerstensaft mit farbloser Zitronenlimonade. Den Gästen machte er die neu kreierte »Radler-Maß« mit dem Hinweis schmackhaft, dass sie diesmal wenigstens nicht mit Gleichgewichtsstörungen bei der Heimfahrt auf dem Veloziped zu rechnen hätten. Die Mischung kam bestens an und erfreut sich noch heute großer Beliebtheit.

Bier auf Rezept und besoffene Säuglinge

Das Versiegen des alltäglichen Bierstroms sollte für die Bevölkerung schon bald wieder traurige Realität werden. Nach dem Ersten Weltkrieg lasteten auf Deutschland enorme Reparationsleistungen, die die Wirtschaft des Landes zum Erliegen brachten. Es herrschte Rohstoffmangel, die Lebensmittel wurden knapp. Das Getreide wurde überwiegend für Brot benötigt, für das Bier blieb kaum etwas übrig. Im Herbst 1923 musste man einer Kellnerin für eine Maß Bier einen astronomischen Geldbetrag in die Hand drücken und bald konnte nur noch Dünnbier zum Verkauf angeboten werden.

Doch Not macht bekanntlich auch erfinderisch: Die Oberregierungsratsgattin Lorber in der Au ließ sich von ihrem Hausarzt am 17. April 1923 fünf Flaschen Salvator auf Rezept verschreiben. Bier galt damals noch als Heilmittel und wurde Rekonvalenszenten auch in Notzeiten zur Stärkung verabreicht. Ein solches Rezept war seinerzeit die einzige Möglichkeit, den schmackhaften Gerstensaft zu ergattern.

So war es lange Zeit auch üblich, Müttern im Wochenbett täglich ein paar Maß »Heil-Bier« zu verordnen. Erst der Hygieniker Max Pettenkofer (1818–1901) hatte daran etwas auszusetzen: Es sei eine Unsitte, dass stillende Mütter »aus Gesundheitsgründen« an die vier Maß Bier am Tag zu sich nähmen, »so sind in München sogar schon die Säuglinge besoffen,« kritisierte er.

München – Hauptstadt der Bewegung

Die Bierströme, die bei den Versammlungen der »Jungen deutschen Arbeiterbewegung« flossen, vernebelten nicht weniger die Sinne. Den Bierkeller als idealen Agitationsraum entdeckte auch die politische Rechte, das Bier als Anheizer und Stimmungsmacher spielte dabei keine zu unterschätzende Rolle.

Nach den Untersuchungen des Historikers David Clay Large sei München bereits um die Jahrhundertwende eine Hochburg des Fremdenhasses, des Antisemitismus und der pan-germanistischen Bewegungen gewesen; nicht zuletzt wegen der Bierkultur hätten sich hier radikale Tendenzen manifestieren können: »In den Bierkellern herrschte zwar nach wie vor die alte, lautstarke Gemütlichkeit, doch wies sie eine zunehmend aggressivere Note auf, fast als ob man mit einem herzhaften Lied und dem Schwingen des Bierkrugs unerwünschte Veränderungen verhindern könnte.« Erich

Mühsam, später von den Nationalsozialisten ermordet, fasste seine Eindrücke von deren ersten Zusammenkünften im »Bürgerbräukeller« in einem Vers wie folgt zusammen:

»Denkt ihr noch der heil'gen Stunde?
Deutsche Männer, stark und treu,
reichten sich zum ewigen Bunde,
Herz und Faust im Bürgerbräu
Auf, gen Norden! Auf, gen Norden!
Rette Deutschland, Bajuwar!
Kühn umringten Hitlers Horden
Lossow, Ludendorff und Kahr.
Manche Träne tropfte – plenk! -
in des Maßkrugs Schaumgetränk ...«

Gegründet wurde die Partei der Nationalsozialisten im Münchener »Sterneckerbräu«. Der begabteste Demagoge der Bewegung, Adolf Hitler, sollte nach dem »Schock« der kommunistischen Räterepublik nicht nur beim einfachen Volk, sondern auch unter den Stützen der Gesellschaft zahlreiche Anhänger finden. Der Münchener Kunsthändler, Ernst Hanfstaengl, ein begeisterter Anhänger der »Bewegung«, führte Hitler in die besseren Kreise ein und verschaffte ihm wichtige, gesellschaftliche Kontakte für seinen späteren, politischen Aufstieg.

Rückblickend beschrieb er den biertrinkenden Hitler am Wirtshaustisch: »Hitler nahm gedankenvoll einen Zug. In München, so dachte ich, wird von einem Mann, der die Nase in einen Bierkrug versenkt, niemand vermuten, dass er Böses vorhat.«

Hitlers Absichten durchschauten anfangs nur wenige. Die Veranstaltungen im Dunst der Bierpaläste, begleitet von Marschmusik, markigen Thesen und Bier im Übermaß, bildeten für viele ein unterhaltsames Spektakel. Hitler lieferte einfache Feindbilder und die Anwesenden durften ihrem Ärger über alle Missstände nach Herzenslust Luft machen.

Die erste parteipolitische Rede seines Lebens hielt Hitler am 16. Oktober 1919 im »Hofbräukeller«. Von einer späteren Veranstaltung berichtet eine Zeitzeugin:

»Mein Vater ist viel mit Geschäftsleuten zusammengekommen und eines Tages sagt ein Herr zu meinem Vater: ›Du Rudi, geh doch mal mit zum Sterneckerbräu, da redet ein gewisser Hitler. Der hat Ideen, das ist epochal. Da kommt das goldene Zeitalter.‹ Mein Vater hat gemeint: ›Ja, gehn wir halt mal hin.‹ Ich war sehr neugierig und auch meine Mutter ist an diesem Abend extra aufgeblieben, um zu erfahren, was mit dem Hitler los ist. Mein Vater ist dann gekommen, und ich höre es noch wie heute, wie er gesagt hat: ›Das ist ja ein Bazi, ja, wenn der jemals ans Ruder kommt, dann gute Nacht schöne Bäuerin.‹«

Am 24. Februar 1920 kam es zwischen Linken und Anhängern Hitlers zu einer Saalschlacht im »Hofbräuhaus«, bei der der Bierkrug als schlagendes Argument wieder zum Einsatz kam.

Vandalismus, Zechprellerei und Herrn Hitlers Leberkäs

Der »Bürgerbräukeller« bot rund 10.000 Besuchern Platz und war ursprünglich einer der nobelsten Bierkeller Münchens. Bei den Zusammenkünften der Nationalsozialisten ging es allerdings weniger vornehm zu. Wer sich kritisch äußerte oder sich über Hitlers groteske Wutausbrüche auch nur lustig machte, riskierte, niedergebrüllt oder verprügelt zu werden. Schlägereien, Vandalismus und Zechprellerei waren bei den Gästen aus dem radikalen Lager an der Tagesordnung.

Der Wirt Korbinian Reindl vom »Bürgerbräukeller« berechnete seinen randalierenden Gästen am 9. November 1923: »1348 Liter Hell, 1704 Brote und 800 Essen«, darunter ein Glühwein, zwei Eier, eine Portion Tee, zwei Brote, ein Leberkäs für Herrn Hitler. Als »Bruch« fiel an diesem Tag an: 143 Maßkrüge, 80 Gläser, 98 Stühle und 2 Musikständer. Darüberhinaus wurden noch 148 fehlende Bestecke verzeichnet. Summa summarum machte das »11.340.000 Reichsmark«. Bezahlt hat die Rechnung niemand.

Mit Bierfahnen zur Feldherrnhalle

Am Mittag des 9. November 1923 setzte sich eine Kolonne von rund 2000 Mann vom »Bürgerbräukeller« Richtung Feldherrnhalle in Bewegung. Nach einer durchzechten Nacht waren viele verkatert und machten einen recht heruntergekommenen Eindruck. Dem Marsch durch die Stadt schlossen sich immer mehr Menschen an. Am Odeonsplatz vor der Feldherrnhalle, dem Ziel des Aufmarsches, kam es zu einer Straßenschlacht mit der Landespolizei, bei der 14 Menschen getötet wurden.

Hitler wurde festgenommen und zu fünf Jahren Festungshaft verurteilt. Die Haftbedingungen in Landsberg ließen eher an einen Hotel- als an einen Gefängnisaufenthalt denken. Im Kreis seiner inhaftierten Anhänger litt er keinen Mangel: »Sie empfangen Besucher, ... rauchen, spielen Karten und bestellen beim Gefängniswärter Mahlzeiten, die sie sich mit raffinierter Feinschmeckerzunge ausdenken.«

Schon im Dezember 1924 wurde Hitler wieder auf freien Fuß gesetzt. Nach dem missglückten Putsch sann er nun auf Möglichkeiten, legal an die Macht zu kommen.

Die vorübergehende Aufbruchsstimmung der »Golden Twenties« endete in einem wirtschaftlichen Desaster. Der »Schwarze Freitag« 1929 beschwor die folgenschwerste Wirtschaftskrise des 20. Jahrhunderts herauf. Die gesamte westliche Welt war aus den Fugen geraten. In Deutschland ebneten Inflation, Arbeitslosigkeit, soziales Elend und mangelndes demokratisches Bewusstsein Hitler den Weg. Am 30. Januar 1933 kam er als Reichskanzler ganz legal an die Macht.

Billiges Bier und »Hackenkreuze«

Die nationalsozialistischen Stadträte waren bestrebt, sich bei der Bevölkerung beliebt zu machen. Die Festschreibung des Bierpreises auf dem Oktoberfest erwies sich als probates Mittel. Im Jahr der Machtergreifung präsentierte sich das Oktoberfest in Schwarz-Weiß-Rot, den Farben der antidemokratischen Nationalisten. Eine amtliche Anweisung verfügte in fehlerhafter Rechtschreibung, dass die Beflaggung auf der Festwiese »einheitlich durch Hackenkreuzfahnen zu geschehen hat«.

»Judenbier« und Kommunistenhatz

Wegen einer reinen Äußerlichkeit gerieten viele Brauereien in Konflikt mit den fanatischen Machthabern. Diese nämlich interpretierten das uralte Zunftzeichen, den Brauerstern – ein alchemistisches Symbol – als Davids- bzw. Sowjetstern. Manche Brauerei hatte in einem aufreibenden, manchmal jahrelang andauernden Papierkrieg mit der neuen Regierung um das Symbol als Bestandteil ihres Warenzeichens zu kämpfen.

Die Gauleitung Mainfranken unterstellte der »Pschorr-Brauerei« in einem Schreiben an die Polizeidirektion Würzburg wegen ihres Firmenzeichens ideologische Abtrünnigkeit: »Uns ist aufgefallen, dass das Pschorr-Bräu in München als Warenzeichen nicht nur einen 5-zackigen Stern führt, sondern darin auch noch ein Zeichen hat, das vermutlich ein P sein soll, dem Sowjetzeichen von Hammer und Sichel aber nicht unähnlich ist. Hier handelt es sich also nicht um einen sogenannten Bier- oder Weinstern, sondern um ein Warenzeichen, dessen Ähnlichkeit mit dem Sowjetstern sein sofortiges Verschwinden rechtfertigen würde.«

Die Qualität des Biers beurteilten die Nationalsozialisten nach politischen Gesichtspunkten. Jeweils am 1. Mai zeichnete Hitler bestimmte Unternehmen zu sogenannten »Reichs-Musterbetrieben« aus. Ein Prädikat, das auch Brauereien verliehen wurde. In den »Allgemeinen Richtlinien für die Beurteilung« ist nachzulesen: »Charakter und nationalsozialistische Gesinnung der zur Betriebsgemeinschaft gehörenden Menschen sind entscheidende Punkte für die Beurteilung.« Eine der ersten Voraussetzungen für die Auszeichnung war die »Arisierung« der Unternehmen.

Hermann Schülein, ein tüchtiger und engagierter Mann, war jahrelang geachtetes Vorstandsmitglied bei Löwenbräu. Jetzt musste die Brauerei bei der neuen Regierung um Schülein kämpfen, denn er war Jude. Als sich im Volksmund allmählich die Bezeichnung »Judenbier« für »Löwenbräu« einbürgerte, wurde Hermann Schülein »zurückgestuft« und ist kurz darauf gegangen worden, heißt es. 1935 musste er in die USA emigrieren. Nach Kriegsende übernahm er wieder einen Posten im Aufsichtsrat von »Löwenbräu« in den USA. Nach Deutschland wollte er nie wieder zurückkehren.

Noch tragischer endete Jacob Schulmann. Als Vorstandsmitglied wurde er wegen seiner jüdischen Abstammung schon 1933 von Löwenbräu entlassen. Daraufhin nahm er sich das Leben.

Attentat im Bürgerbräu

Hitlers Karriere begann in einem Bierkeller, beinahe hätte sie dort auch ihr Ende gefunden. Der »Bürgerbräukeller«, die Hochburg der Nationalsozialisten, wurde zum Schauplatz eines Attentats auf den »Führer«.

Johann Georg Elser, ein Möbeltischler aus Württemberg, kam nach Kriegsausbruch zu der Überzeugung, dass er dem nationalsozialistischen Terror aus eigener Kraft ein Ende setzen wollte. Im Alleingang setzte er seinen Plan akribisch in die Tat um: Rund 30 Nächte lang arbeitete er heimlich im »Bürgerbräukeller« am Einbau eines Sprengsatzes. Jeden Abend, gegen 22 Uhr, begab er sich auf die Galerie und versteckte sich in einem Abstellraum, bis der Saal geschlossen wurde. Die Nächte über präparierte er mit Hammer und Meißel, so leise wie möglich, die Säule über dem Redner-Pult, wo er die Bombe platzieren wollte. Morgens um halb sieben, als der Saal geöffnet wurde, konnte er das Gebäude immer wieder unbehelligt verlassen. Tagsüber arbeitete er am Zündungsapparat. Die einzelnen Teile ließ er bei verschiedenen Schlossern bearbeiten, um keinen Verdacht zu erwecken. Am Abend des 8. November 1939, dem Tag an dem Hitler seine traditionelle Rede zum Jahrestag seines Putschversuches von 1923 hielt, war es dann so weit:

»Der Badenweiler-Marsch wurde gespielt und die ›Blutfahne‹ hereingetragen, dann kam der Führer. Jubel erhob sich unter den dreitausend [Anwesenden]. Während es früher üblich war, dass Hitler seine große Rede gegen 20.30 Uhr begann und etwa um 22 Uhr beendete, hatte man wegen der knappen zur Verfügung stehenden Zeit den Beginn um eine halbe Stunde vorverlegt. Mit dem Glockenschlag um 20.00 Uhr kam Hitler herein, hielt seine Rede und schloss seine Ausführungen um 21:07 Uhr«.

Der Sprengsatz explodierte und die Decke des Saales stürzte planmäßig über dem Rednerpult ein. Der ganze Raum war von Trümmern übersät. Acht Menschen wurden dabei getötet, rund sechzig schwer verletzt. Doch Hitler hatte kurz vor der Detonation den Raum verlassen.

Elser wurde noch in der gleichen Nacht festgenommen und im Konzentrationslager Dachau interniert. Dort wurde er jahrelang immer wieder verhört, denn man vermutete bei dem geschickt geplanten Attentat weitere Hintermänner. Am 9. April 1945, also kurz vor Kriegsende, wurde Elser in Dachau exekutiert. Hätte seine Bombe ihr Ziel nicht um kurze Zeit verfehlt, wäre Deutschland und der Welt viel Unglück erspart geblieben.

Das Oktoberfestattentat von 1980

München war einst die Hauptstadt der nationalsozialistischen Bewegung, Anfang der 80er Jahre galt es als Zentrum der neo-nazistischen Szene Deutschlands. Am

26. September 1980 wurde am Haupteingang des Oktoberfestes eine Bombe gezündet. 13 Menschen starben, 215 wurden schwer verletzt. Der Täter kam aus rechtsextremistischen Kreisen.

Dieses Attentat erschütterte die Welt. Das Image des Oktoberfestes als Ort der Völkerverständigung hatte durch den Anschlag schweren Schaden gelitten. Doch das größte Bier-Spektakel der Welt nahm auch in diesem Jahr trotz der zerstörerischen Tat seinen Fortgang.

Kein Bier für Deutsche!

Nach dem Zweiten Weltkrieg war ganz München ein Trümmerfeld. Wer noch ein Dach über dem Kopf hatte, konnte sich glücklich schätzen. Als die Amerikaner die Stadt einnahmen, irrten viele Überlebende, bettelnd und plündernd durch die Straßen, immer auf der Suche nach Nahrung. Wie nahezu alle Gebäude, lagen auch die Brauereien in Schutt und Asche. In der Not verbrüderten sich die ehemaligen Konkurrenzunternehmen und halfen sich gegenseitig mit ihren übrig gebliebenen Gerätschaften aus. Aus knappen Rohstoffen improvisierten sie ein trauriges Gebräu, einen Wassersud auf Hefebasis, der die Bezeichnung Bier kaum verdiente.

Nationalsozialismus und Bierkultur schienen den Amerikanern aufs Engste miteinander verknüpft zu sein. Angesichts der von Deutschen begangenen Greueltaten, provozierte der armselige »flüssige Trost« die Besatzungsmacht. Ein anderes Getränk als Wasser wollte man der Bevölkerung nicht zugestehen. Präsident Eisenhower verfügte die strikte Anordnung: Kein Bier für Deutsche!

Jazz im Bürgerbräu

Der Name »Bürgerbräu« war in Amerika zum Synonym für den Nationalsozialismus geworden. Vielen Soldaten war er längst vor ihrer Ankunft in Deutschland ein Begriff. Bei der Einnahme der Bierfestungen, stand der »Bürgerbräukeller« an erster Stelle.

Die GIs wandelten die ehemalige nationalsozialistische Hochburg in eine amerikanische Großkantine um, richteten sich dort ein Militärkasino mit Billardtischen und einem Plattenstudio ein. Bald kam es zu ersten, bescheidenen Tanzveranstaltungen. Über den Rundfunk konnte man statt Nazi-Parolen und Militärmärschen endlich wieder Swing- und Jazzmusik empfangen, die während des Hitler-Regimes verboten gewesen war.

Gotteslob und Hopfenpreise

Ein Radiogerät besaßen in der Nachkriegszeit nur wenige. Ein Pfarrer in der Hallertau, Deutschlands wichtigstem Hopfenanbaugebiet, soll das seinige in göttlichen Dienst gestellt haben. Verdrossen darüber, dass seine »Schäfchen« nicht zahlreich genug zur Messe erschienen, sann er darauf, wie er sie in die Kirche locken konnte.

Der zündende Gedanke kam beim Landfunk. Hier wurden nämlich die neuesten Meldungen der Hopfenbörse durchgegeben. Der geschickte Pfarrer verstand es, die aktuellen Hopfenpreise in seine Predigt einzustreuen. Die Bauern stürmten wieder in Scharen in die Kirche und vernachlässigten zugunsten der Messe sogar den Stammtisch.

Frieden und Bier

Mit der Währungsreform am 20. Juni 1948 war mit einem Schlag wieder alles zu haben, was das Herz begehrte. Auf die bitteren Jahre folgten endlich wieder bessere Zeiten: Aus Stahlhelmen wurden Nudelsiebe, aus Flugzeugkanzeln entstanden Kleinkraftwagen des Typs »Messerschmitt-Kabinenroller« und für eine Mark konnte man sich wieder eine anständige Maß kaufen. 1949 fand das erste, bescheidene Oktoberfest der Nachkriegszeit statt. Weil die Stadt kaum Geld hatte, wurde es von den Münchener Brauereien subventioniert, die ihrerseits Gewinne bitter nötig hatten.

Und jetzt wieder bayerisches Bier!

Die beiden Weltkriege, der wirtschaftliche Niedergang und die Unterbrechung der Verbindungen mit dem Ausland hatten das Exportgeschäft zum Erliegen gebracht. In den Zeiten des Wirtschaftswunders wurde das bayerische Bier wieder zur begehrten Handelsware und die sprichwörtliche »Gemütlichkeit« sollte bis in die 90er Jahre, zumindest im Hinblick auf die Bierkultur, kein Ereignis mehr stören können.

Ruhestörung auf Bayerisch

Die Tradition schöne Sommerabende im Biergarten zu verbringen erfreut sich bei Fremden und Einheimischen großer Beliebtheit. Die Stadtbewohner betrachten dieses Vergnügen sogar als ihr gutes Recht, für das sie notfalls auf die Barrikaden gehen.

Vor 300 Jahren wagte dafür keiner einen Aufstand. Damals führte der Wirt Johann Georg Preitenbach in der Au eine äußerst populäre Gartenwirtschaft, den »Neudecker Garten«. Die kurfürstliche Baudirektion fühlte sich zu heftiger Kritik veranlasst, weil sich dort allabendlich allerhand »gemein Leut« versammelt hätten. Man beklagte Lärm und Vandalismus und ausgerechnet die benachbarten Paulanermönche, die den kräftigen »Salvator« zum Fasten erfunden hatten, fühlten sich durch die losen Sitten, die Musik und das Geschrei der Betrunkenen belästigt. Preitenbach hatte Pech und musste zusperren. Heute hätten ihm vielleicht die »Preiß'n« geholfen.

Ein bayerischer Urschrei

Über Musik, Lärm und Geschrei beschwerten sich 1992 auch die Anwohner der Münchener »Waldwirtschaft«, einer 400 Jahre alten Traditionsgaststätte in Großhesselohe. Sie zogen vor das Münchener Verwaltungsgericht und es erging folgendes Urteil: An zwei Sonntagen im Monat musste die Wirtschaft geschlossen bleiben; an den übrigen Tagen wurde die Sperrzeit um eine halbe Stunde vorverlegt.

Als Reaktion auf die Verfügung folgte »ein bayerischer Urschrei«, wie die Süddeutsche Zeitung schrieb. In München brach die »Biergarten-Revolution« aus, die die Hartnäckigkeit der Bayern wieder einmal unter Beweis stellen sollte. Im Mai 1995, schäumten die Emotionen über. 20.000 erzürnte Biergarten-Freunde versammelten sich auf dem Marienplatz um ihren Protest öffentlich kundzutun. Mit dem Engagement fürs Bier ließ sich in Bayern schon immer Eindruck schinden und so bezogen Bayerns konservative Politiker als »Revolutionäre« ihre Posten in der vordersten Reihe des Biergarten-Aufstandes.

Nach vier Jahren siegten die »Revolutionäre« und die gerichtliche Verfügung wurde wieder gelockert. Das rettende Gerichtsurteil wurde damals allerdings jenseits des »Weißwurstäquators« gefällt, nämlich in Berlin. »Prost Preußen! Die Revolution hat gesiegt«, gratulierte die Münchener Abendzeitung am 26. Juli 1996.

Bei der Münchener Biergarten-Revolution, ging es um die Tradition der Freizeitoasen. Das Bier selbst war dabei kein Thema. Debatten um die Schankgewohnheiten füllen allenfalls in den »Saure-Gurken-Zeiten« die Titelseiten der Lokalpresse. Das Bier als Stimmungsmacher hat einen unangenehmen Beigeschmack, denkt man nur an die Übergriffe betrunkener Skinheads und Fußball-Raudis. Wer sich aufs Bier als »flüssiges Brot« beruft, riskiert Arbeitsplatz und Führerschein und ein gravitätischer Bierbauch erntet im Zeitalter des Body-Stylings bestenfalls ein mitleidiges Lächeln. Im kalorienfeindlichen Fitness-Trend ist der Gerstensaft als Kalorienbombe verpönt. Wie sich die Zeiten geändert haben!

Wandel und Handel

Das Bier ist keineswegs eine bayerische Erfindung. Bier gehört zur zivilisatorischen Entwicklung des Menschen. Fast alle Kulturen der Welt kennen bierartige Getränke und in nahezu allen Sprachen findet sich ein gleichbedeutendes Wort.

Durch den Anbau kohlehydrathaltiger Pflanzen wie Reis, Mais, Kartoffeln oder Getreide konnte der Mensch sesshaft werden. Nun erst war er in der Lage Vorräte anzulegen und sein Nomadendasein auf der ständigen Suche nach Nahrung aufzugeben. An diesem Punkt der Entwicklungsgeschichte entstand auch das Bier. Kohlehydrathaltige Pflanzen dienten nämlich nicht nur als Grundnahrungsmittel. Man entdeckte, dass sie in Verbindung mit Wasser nach einiger Zeit – auch ohne menschliches Zutun – ein berauschendes Getränk erzeugen konnten. Für diese Verwandlung, den Gärungsprozess, fand man Jahrtausende lang keine Erklärung. Ebenso wenig war es nachvollziehbar, warum das Getränk manchmal gelang und manchmal ungenießbar wurde. Man vermutete das Wirken von Geistern oder Göttern.

Bier – ein weibliches Erbe der Steinzeit

Die ältesten Nachweise für die Entstehung des Biers stammen aus der Jungsteinzeit und kommen aus dem sumerischen und assyrischen Raum. Dies bezeugen Quellen der Ägypter, Sumerer und Babylonier, deren

Kulturen bis ins fünfte Jahrtausend v. Chr. zurückreichen. Diese Völker pflegten den Getreideanbau, wobei Gerste, Emmer und Einkorn – letztere sind alte Getreidesorten – die wichtigsten waren.

Schon bald entdeckte man das Bier auch als Trägersubstanz für heilende, aphrodisische und halluzinogene Pflanzen. In den meisten frühen Kulturen war die Pflanzenkunde eine weibliche Domäne und daher ist es nicht verwunderlich, dass auch das Bierbrauen ursprünglich Frauensache war. Frauen konnten durch die Braukunst unterschiedliche Heil- und Rauschwirkungen erzeugen und damit, so schien es, auch eine Verbindung zur geistigen Sphäre der Götter herstellen.

Am Ufer der Trunkenheit

Bei den alten Ägyptern galt das Bier bereits als Volksnahrungsmittel und stellte einen Teil der Entlohnung dar. Daneben war es aber auch ein Heil- und Genussmittel. Um Bier zu trinken, ging man in öffentliche Schänken. Unter wohlhabenden Zechern war es Sitte, sich nach ausgiebigem Trinkgenuss, von Sklaven in einer Hängematte nach Hause tragen zu lassen. Trunkenheit war nichts Anrüchiges, auch nicht für Frauen. Die Grabinschrift einer Pyramide in Theben zeigt eine Hofdame, die ihrer Dienerin ganz ungeniert folgenden Auftrag erteilte: »Bring mir achtzehn Gemäße Bier, ich will trunken werden.«

Die Göttin Hathor wurde sogar als Herrin der Trunkenheit verehrt. In einem ihr gewidmeten Lied heißt es: »Die Göttin aber ist wie eine Frau, die trunken außen vor ihrer Kammer sitzt, Locken fallen auf ihre schöne Brust.«

Das »süße« Bier aus den Früchten des afrikanischen Johnnisbrotbaumes fand als Heilmittel Anwendung bei Magenschmerzen und Verstopfung. Andere Sorten wurden gegen Hautkrankheiten, Frauenleiden und Skorpionbisse eingesetzt. Bier wurde den Toten als Wegzehrung für ihre letzte Reise mit ins Grab gegeben und bei Begräbnisfeiern floss es reichlich, denn es galt auch als Trostspender. In einem melancholischen Gedicht erscheint die Nähe des Todes als Annehmlichkeit, ähnlich einem glückseligen »Sitzen am Ufer der Trunkenheit«.

Auch Träume, in denen Bier vorkam, wusste man im alten Ägypten zu deuten: Wer von süßem Bier träumte, durfte auf eine freudige Überraschung hoffen, hieß es. Ein Traum von Bier und Brot galt als Symbol für ein langes Leben und Bier in einem Keller interpretierte man als Heilsbotschaft.

Den Menschen erkennt man an Brot und Bier

Eine der ältesten, überlieferten Bier-Geschichten stammt aus dem Gilgamesch-Epos, das Ende des zweiten Jahrtausends v. Chr. auf zwölf Tafeln in akkadischer Schrift festgehalten wurde: Der Halbgott Gilgamesch, ein mythischer König aus dem Land der Sumerer, hatte es sich zur Aufgabe gemacht, einen zottigen Tiermenschen namens Enkidu, der sich nur von Gras und Wasser ernähren wollte, zu kultivieren. Zu diesem Zweck schickte er ihm eine schöne Priesterin, die sagte: »Iss das Brot, Enkidu, das gehört zum Leben. Trinke das Bier, wie es im Lande Brauch ist.«

Enkidu, entzückt von der verführerischen Botin, aß und trank. Nach sieben Krügen Bier trat die gewünschte Wirkung ein: »Da entspannte sich sein Inneres und er ward heiter. Sein Herz frohlockte und sein Angesicht strahlte, er wusch sich den zottigen Leib mit Wasser, salbte sich mit Öl – und er ward ein Mensch.«

Wer das Bier nicht kennt, weiß nicht, was gut ist

So lautet ein altes Sprichwort der Sumerer. Sie kannten bereits 36 Sorten Bier. Aus erhaltenen Handelslisten und Rohstoffabrechnungen aus dem zweiten und dritten Jahrtausend v. Chr. geht hervor, dass sie bereits die Gerste zur Bierherstellung bevorzugten. Im Gegensatz zu den Ägyptern, die Bier lange Zeit in kalter Brauweise herstellten, erhitzten die Sumerer ihren Gerstensaft. Wie die Ägypter sogen sie ihn mit strohhalmartigen Rohren aus den Trinkgefäßen, um zu vermeiden, dass Braurückstände in den Mund gelangten.

Die Haltung der Sumerer scheint entschieden lebensbejahend und sinnenfreudig gewesen zu sein. Davon zeugt ein weiteres Sprichwort:

»Wohlbehagen ist das Bier. Unbehagen, das ist ein Feldzug!«

Wer panscht, muss sterben

Das babylonische Bier soll wegen seiner guten Qualität schon nach Ägypten exportiert worden sein. Wenn es um den Gerstensaft ging, verstand Hammurabi, ein babylonischer König, keinen Spaß. Er verhängte strenge Biergesetze: Bierpanscher wurden in ihren Fässern ertränkt oder so lange mit Bier übergossen, bis sie erstickten. Auch Frauen fanden keine Gnade: Eine Gastwirtin, die sich das Bier statt mit Gerste mit Silber bezahlen ließ, was streng verboten war, wurde mit dem Tod bestraft.

Priesterinnen, die es wagten, eine Schänke zu besuchen oder gar eine zu eröffnen, wurden nach dem »Codex hammurabi« verbrannt. Zur Qualitätskontrolle legte man damals schon den Würzgehalt des Bieres fest – eine frühe Variante des Reinheitsgebots. Der Bierpreis war ebenso gesetzlich vorgeschrieben wie die Mengen, die jeder täglich zu sich nehmen durfte. Je höher der gesellschaftliche Rang, desto höher die Zuteilung. Arbeiter und Angestellte – die Babylonier nahmen diese Unterscheidung bereits vor – erhielten tägliche Zuteilungen von zwei Litern. Provinzverwaltern und Oberpriestern standen bis zu fünf Liter zu.

Ein Gestank von Ziegenbock

Unserem heutigen Geschmack dürfte das frühe Bier aber nicht entsprochen haben. In einer Ausgrabungsstätte bei Geno in Nordspanien, entdeckte man kürzlich einen Tonkrug, dessen Entstehung man um 3000 v. Chr. datierte. Auf seinem Boden wurden Bierablagerungen gefunden. Durch mikroskopische Untersuchungen ließen sich die Zutaten entschlüsseln. Beim Nachbrauen kam es zu einem enttäuschenden Ergebnis: Das Bier war dickflüssig, stark gewürzt und zeichnete sich durch einen äußerst schalen Geschmack aus.

Den Römern war das Bier ein Graus. Sie nahmen das »Barbarengetränk« allenfalls zu sich, um den »vom Wein erhitzten Kopf« zu kühlen. Kaiser Julian (332–363 n. Chr.) behauptete sogar, es würde nach Ziegenbock stinken.

Elefantenkrankheit und Gleichgewichtsstörungen

Die antiken Ärzte hielten Bier sogar für gesundheitsschädlich. Sie waren der Ansicht, es würde die Elefantenkrankheit (Elephantiasis) verursachen, eine Lymphstauung, die zu monströsen Schwellungen des Unterhautgewebes führen kann. Heute weiß man, dass die Krankheit durch Würmer oder Insektenstiche ausgelöst wird. Damals kannte man die Ursachen noch nicht. Der Bierbauch war wohl so wenig verbreitet, dass man ihn mit der gefährlichen Krankheit verwechselte.

Der griechische Philosoph Aristoteles (384–322 v. Chr.), Sohn eines Arztes, untersuchte die Wirkungen verschiedener Räusche. Seine wissenschaftlichen Beobachtungen ergaben: Reichlicher Weingenuss verursache ein Torkeln nach allen Seiten. Ein Bierrausch sei daran zu erkennen, dass der Betrunkene nach hinten fällt.

Römisches Bier in Bayern?

»In der Not frisst der Teufel Fliegen« und fern der Heimat sind möglicherweise sogar die alten Römer freiwillig aufs Bier umgestiegen. Dies legt ein archäologischer Fund des römischen Museums in Prüfening bei Regensburg nahe. 179 n. Chr. errichtete Kaiser Marc Aurel in »Castra Regina«, dem heutigen Regensburg, eine römische Festung. Einen Teil der Ausgrabungen deutet man heute als antike Braustätte. Die dort vorhandenen Einbauten erinnern an eine Darre und an ein Becken, in dem vielleicht Braugetreide bearbeitet wurde. Die vorhandene Feuerstelle und der Heizkanal könnten weitere Indizien für eine Braustelle sein. Der einzige Haken an der Sache: Es gibt weit und breit keinen Fund von Bierresten. Sollte sich die Hypothese doch noch bestätigen lassen, so befände sich Bayerns älteste Braustätte in Prüfening.

Wie das Bier nach Bayern kam

Den ältesten zuverlässigen Beweis für die Existenz von Bier in Bayern bilden die Kulmbacher Amphoren aus dem Jahr 800 v. Chr. Bei Ausgrabungen in Manching bei Ingolstadt entdeckte man aus späterer Zeit einige keltische Humpen, die nachweislich mit Bier gefüllt gewesen waren.

Die Braukultur in der bayerischen Region führten die Kelten ein, die es auf ihrer Völkerwanderung von Spanien her kannten. Bier war ihr rituelles Getränk, das für besondere Feste gebraut und in der Gemeinschaft, zu Ehren einer Gottheit, getrunken wurde. Nachdem die Kelten von den Germanen verdrängt worden waren, zogen sie in den französischen Raum. Jahrhunderte später jedoch sollte die keltische Braukunst mit den christlichen Missionaren in verbesserter Form wieder nach Bayern zurückkehren.

Wotan spuckt ins Bier

Zwischenzeitlich übernahmen die Germanen die Herrschaft und das Brauen. Wie bei den Ägyptern, Babyloniern und Sumerern war das Brauen auch bei den Kelten und Germanen eine weibliche Domäne. Zum Frühjahrsfest, das dem Donnergott Thor gewidmet war, brauten sie ein Bier mit Bilsenkraut. Diese Pflanze hat erotisierende Eigenschaften. In großen Mengen kann sie sogar Halluzinationen erzeugen. Man meinte, dadurch mit den Göttern in Kontakt treten zu können. Die Germanen beteten zu Wotan, dem Gott der Winde, um die Verwandlung der Maische in Alkohol. Man glaubte, sein Speichel bringe das Bier zum Gären.

Der römische Schriftsteller Tacitus (55–116 n. Chr.) konnte sich für das Lieblingsgetränk der germanischen Stämme nicht erwärmen. Er bezeichnete es als »eine Flüssigkeit aus Gerste oder Weizen, zu einer Art schlechten Wein gemacht«. Zudem mögen die Trinkgefäße der Germanen die Fremden abgeschreckt haben. Neben Tongefäßen und Hörnern benutzten sie mitunter auch die Schädel ihrer erschlagenen Feinde.

Die Mönche kommen

Um 800 n. Chr. zogen aus dem angelsächsischen beziehungsweise französischen Raum christliche Missionare nach Bayern, um dort die ersten Klöster zu gründen. Mit dem christlichen Glauben kehrte auch eine verfeinerte, keltische Brautradition in Bayern ein und es kam zu einer folgenreichen Veränderung der Beziehung zwischen Mann und Frau: Die Frauen mussten sich den Männern unterordnen. In der neuen patriarchalischen Gesellschaftsordnung des Mittelalters fühlten sich die Männer von den magischen Fähigkeiten, die sie den Frauen zuschrieben, bedroht. Pflanzenkundige Frauen wurden zu Hexen erklärt, das Gebräu in ihren Sudkesseln verteufelte man nun als Zaubertrank. Das Brauen wurde reine Männersache.

Saures Bier auf schlechten Straßen

Wissenschaftliche Studien, verbesserte Braukunst und das Reinheitsgebot machten das bayerische Bier zu einem begehrten Getränk das man der Welt nicht vorenthalten wollte. Leider war Bier eine problematische Handelsware. Die mittelalterlichen Ausfuhrversuche mit Ochsen- und Pferdefuhrwerken waren ein mühsames Geschäft. Gebrochene Wagenräder und demolierte Achsen waren bei den schlechten Straßenverhältnissen Gang und Gäbe; manchmal vergingen Tage bis die Reise fortgesetzt werden konnte. Das Bier konnte dabei, vor allem in der Sommerhitze, leicht sauer werden. Aus diesen Gründen endete wahrscheinlich auch der bereits erwähnte erste Münchener Bierexport nach Rom mit einer Blamage. Die brauenden Mönche wurden vom Papst wegen des abscheulichen Getränks bemitleidet.

Während die norddeutschen Brauereien über gute Wasserwege verfügten und ihr Bier schon im Mittelalter ins nähere Ausland verschickten, kam es in Süddeutschland lange Zeit nicht auf den Weg. Für Transporte auf dem Wasser lag Bayern ungünstig. Insbesondere das Münchener Bier kam schwer von der Stelle. Die Isar war nicht tief genug um große Ladungen zu transportieren, der Binnenhandel war allenfalls auf Flößen oder Kähnen möglich. Mit dem Ausbau der Handelsstraßen besserte sich die Lage. Die fränkische Stadt Kulmbach lag verkehrsgünstig und die ansässigen Brauereien waren die ersten Bayerns, die gewerblichen Bierexport betreiben konnten. 1831 führte die Kulmbacher Brauerei Sandler mittels Fuhrwerk einen ersten spektakulären Bierexport nach Leipzig durch, der sogar in einem Gemälde dokumentiert wurde.

Doch erst mit neu entwickelten Verkehrsmitteln und technischen Erfindungen, die der Haltbarkeit des Biers zugute kamen, konnte das Exportgeschäft ab Mitte des 19. Jahrhunderts ein ernst zu nehmender Wirtschaftsfaktor werden.

Das erste Lagerbier: Pils nach bayerischem Rezept

Zwischen Bayern und Böhmen bestand schon seit jeher ein reger Austausch. Das konnten auch die unwegsamen Straßen des Bayerwaldes nicht verhindern. Für den Biertransport eigneten sie sich allerdings kaum. Trotzdem war der Ruf des Gerstensaftes der Stadt Pilsen im frühen 19. Jahrhundert weit über die Stadtgrenzen hinausgedrungen – allerdings nicht weil er so wohlschmeckend, sondern weil er so abscheulich gewesen sei. Um diesem Dilemma ein Ende zu bereiten zog um 1840 der Vilshofener Braumeister Josef Groll in einer Zweitagereise in die böhmische Stadt. Er sann darauf, wie er die Pilsener von ihrem missliebigen, obergärigen Gebräu befreien konnte.

Nach einiger Zeit gelang es ihm mit Saazer Hopfen, Hefe aus Bayern, gutem Brauwasser und seinen Erfahrungen mit der untergärigen Brauweise, ein haltbares Lagerbier zu kreieren: Am 11. November 1842 konnte das erste Pils an die Bevölkerung ausgeschenkt werden. Böse Zungen behaupten allerdings, es sei ein Zufallsprodukt gewesen. Mit seinem herben Bier hatte Josef Groll die Herzen der Böhmen gewinnen können, mit seinem Charme wohl weniger. Nach drei Jahren musste er die Stadt verlassen. Die Umgangsformen des niederbayerischen Braumeisters seien zu derb gewesen – sagt man. Am Pils fanden mit der Zeit nicht nur die Böhmen Gefallen: Kaiser Franz Joseph und Reichskanzler Bismarck lobten den Trunk. Sogar der Münchner Max Pettenkofer, ein erklärter Gegner übermäßigen Biergenusses, machte beim Pils eine Ausnahme. Er empfahl es als Heilmittel gegen Cholera.

Das Pils nach bayerischem Rezept sollte später aber nicht wegen seiner Heilwirkung die Welt erobern. Die bessere Haltbarkeit war zwar ein Vorteil, löste das Problem der Konservierung aber nur begrenzt. Ausschlaggebend für den Erfolg des Pils war der Geschmack.

Dampfrösser und Eisapostel

Einen Meilenstein im Transportwesen setzte 1835 die Eröffnung von Deutschlands erster Bahnstrecke von Nürnberg nach Fürth. Die Dampfrösser beförderten zwei Fässer Bier – ein gutes Omen. Es sollten aber noch Jahrzehnte vergehen, bis dieses Transportmittel für das Bier gewerblich relevant wurde. Das größte Hindernis auf langen Strecken, insbesondere im Sommer, war noch immer die Verderblichkeit des Biers.

Gabriel Sedlmayr d. J., Erbe der Münchener Spatenbrauerei, nahm im August 1866 erste Kühlversuche vor. In einem eigens konstruierten Eisenbahnwaggon experimentierte er mit einer kühlenden Luftkammer. 1867 sollte das Spaten-Bier zur Weltausstellung nach Paris transportiert werden; Sedlmayr ließ die Luftkammer nun mit Natureis füllen. Der Transport war erfolgreich, allerdings noch recht mühsam. Erst die Kombination von Dampflokomotive und Eismaschine gewährleistete ab 1880 zuverlässige, routinemäßige Biertransporte.

Von der ersten Lieferung Pschorrbier für die Weltausstellung in Chicago platzte die Hälfte der Fässer auf der Überfahrt im Schiffsbauch. Das Bier wurde damals in Holzfassgebinden transportiert, die der Hitze in den Lagerräumen der neuen Dampfschiffe nicht standhielten. Das verbliebene Bier, das man in Chicago schließlich kosten konnte, sorgte infolge der Temperatureinwirkungen nicht eben für Furore.

Josef Pschorr ließ sich durch dieses Malheur nicht beirren. Nach vielen vergeblichen Versuchen konnte er die »Holland-Amerika-Linie« dafür gewinnen, Linde-sche-Kühlmaschinen in den Frachträumen eines Ozeandampfers zu installieren. Am 16. Mai 1894 verließ die Bierfracht den Hafen von Rotterdam und erreichte 13 Tage später in einwandfreiem Zustand New York. Diese Pioniertat brachte Josef Pschorr den Namen »Eisapostel« ein.

Instant-Bier und Pasteurisieren

Lange Zeit war man auf der Suche nach tauglichen Konservierungsmaßnahmen für das Bier. Mit einem Trocknungsverfahren erzeugte man einmal sogar eine Art Instant-Bier. Ähnlich dem Fertig-Suppen-Prinzip, das der Schweizer Julius Maggi erfunden hatte, presste man den Bierextrakt in Würfelform, um ihn bei Bedarf in Wasser auflösen zu können. Durchsetzen konnte sich dieses Produkt nicht.

Der Franzose Louis Pasteur, der sich schon um die Entdeckung der Hefezellen verdient gemacht hatte, entwickelte ein Verfahren, mit dem sich Milch, Wein und Bier haltbarer machen ließen: das nach ihm benannte Pasteurisieren. Die Flüssigkeit musste auf 60 °C erhitzt werden, um die Mikroorganismen abzutöten, die es vorzeitig sauer werden ließen.

Zur Konservierung von Bier schien dieses Verfahren

wie geschaffen. Es mussten keine Zusatzstoffe beigefügt werden, somit verstieß man auch nicht gegen das Reinheitsgebot. 1900 verschickte »Hacker-Pschorr« als erste Brauerei Münchens pasteurisiertes Bier in alle Erdteile.

Familienfrieden dank Flaschenbier

Eine der wichtigsten Voraussetzungen für den Bier-Export sollte die Flaschenabfüllung werden. Die Münchener Bierbarone Brey und Pschorr begannen damit bereits um 1850. Sie erhofften sich eine Absatzsteigerung auf dem regionalen Markt.

Um die Konsumenten von der »vorteilhaften Bierflasche, diesem Nonplusultra auf dem Biersektor« zu überzeugen, waren sie um Argumente nicht verlegen. Mit einem Seitenhieb auf die Wirte hieß es beispielsweise: »Beim Flaschenbier ist das richtige Maß gewährleistet«. Man betonte, wie sehr die täglich unterschlagene Biermenge die Haushaltskasse armer Schlucker strapazieren würde. Auch die Tage schalen, »übernächtigen« Fassbiers seien nun gezählt. Die beliebte Ausrede säumiger Dienstmädchen, es sei gerade frisch angezapft worden, gelte beim Kauf von Flaschenbier nicht mehr. Kinder müssten nun nicht mehr mit vollen Maßkrügen von der Gassenschenke nach Hause stolpern und dabei das kostbare Nass verschütten. Wenn es den Hausherrn gerade dann nach einem kühlen Bier gelüste, während das Dienstmädchen Ausgang habe, blieb bisher »nichts anderes übrig, als dass die Frau – selbst [!] zum Wirte geht.«

Dieser würdelose Zustand habe nun ein Ende, da jeder auf einen häuslichen Vorrat an Flaschenbier zurückgreifen könne.

Ärger ums Flaschenpfand

Trotz all dieser Vorteile – die Leute blieben vorerst lieber dabei, ihr Bier nach Feierabend mit dem Maßkrug aus der Schenke zu holen. Erstens war es dort billiger und zweitens bekam man hin und wieder auch etwas mehr als die üblichen »Dreiquartl« (¾ Liter).

Im August 1913 hingen an vielen Gassenschenken Plakate mit der Aufschrift: »Flaschenbier kann ab sofort nur dann abgegeben werden, wenn außer der Bezahlung für das Bier noch zehn Pfennig Einsatz für die Bierflasche bezahlt werden. Die Flaschen bleiben nach wie vor unveräußerliches Eigentum der Brauereien.«

Daraufhin kam es beinahe wieder zu einem Bierkrawall. Im »Stadtanzeiger« war zu lesen: »Das Flaschenpfand ist ein Schlag in das Gesicht des arbeitenden Volkes. Der Maurer, der bisher sein Fläschchen Bier für 15 Pfennig auf den Bau mitnehmen konnte, muss nun auf einen Sitz 25 Pfennig dafür bezahlen. Zugegeben, dass er hinterher sein Zehnerl wieder erhält. Aber erst, wenn er nach des Tages Mühe wieder ins Wirtshaus kommt, um die leere Flasche abzuliefern. Die eklatante Zumutung, die darin steckt, scheint den Brauern nicht bewusst zu werden.«

Bier – am laufenden Band

Mit oder ohne Pfand – die Flasche verteuerte das Bier. Die explosionsartige technische Entwicklung brachte fast jährlich neue Maschinen auf den Markt. 1912 wurde die erste rotierende automatische Füllanlage mit Bandtransport in Betrieb genommen. Transportbänder, Transmissionen, Flaschenelevatoren, Spundapparate,

Flaschenwaschanlagen, Abfüllungs- und Pasteurisierungsapparate, Stanniolier- und Etikettiermaschinen – all diese Einrichtungen verschlangen eine Menge Geld. Für Löhne blieb da nicht viel übrig. Im ohrenbetäubenden Lärm dieser Anlagen saßen meist Frauen, die als billige Arbeitskräfte tagein, tagaus einer monotonen Tätigkeit nachgingen.

Das Biergeschäft wurde zu einer viel versprechenden Kapitalanlage. Eine Brauerei nach der anderen wurde gegründet. Die Aktiengesellschaften sorgten fürs Geld. Die Aktien-Brauerei Löwenbräu begann als erste mit dem Export von Flaschenbier; viele andere folgten dem Beispiel. München überrundete im Außenhandel bald die fränkische Stadt Kulmbach. Der Export von Münchener Bier nach Nord- und Südamerika und in die Kolonien sollte bald ungeahnte Ausmaße erreichen.

Flaschenabfüllung

Nicht nur das Bier, auch die Bierpaläste sollten zu »Exportartikeln« werden. Mit Direktverkauf in typisch bayerischem Ambiente ließ sich die Gewinnspanne deutlich erhöhen. In den Bierpalästen pflegte man das Klischee von Münchener Gastlichkeit, Geselligkeit und Tradition. In Berlin schossen sie wie Pilze aus dem Boden: 1882 errichtete dort die Pschorrbrauerei den ersten Bierpalast. 1885 eröffnete der »Löwenbräu-Palast« in der Französischen Straße und 1898 die Augustiner-Brauerei eine weitere Großgaststätte im Zentrum; 1895 entstand die »Bierhalle Weihenstephan« in der Friedrichstraße; 1901 das »Münchener Hofbräuhaus« und zwei weitere Bauten der Pschorrbrauerei.

Ein Berliner Besucher des »Spatenbräu« urteilte 1887: »Im Ganzen genommen bietet die architektonische Ausbildung des Innern nichts Besonderes. Aber sie macht einen freundlichen Eindruck auf den Beschauer, der sich namentlich in den oberen Räumen recht behaglich fühlt.«

In Paris gab es um 1900 bereits elf Ausschankstellen für bayerisches Bier. Anlässlich der Pariser Weltausstellung wurde im gleichen Jahr ein Palast für 2000 Gäste errichtet. Mit dem deutschen Wirtshaus bediente man auch die zeitgenössische Vorliebe des amerikanischen Publikums fürs Exotische und Originelle. Seit der Jahrhundertwende gab es in New York ein bayerisches »Hofbräuhaus«. Über einen weiteren Bierpalast, den »Terrace Garden« hieß es in der Zeitschrift »Gartenlaube«: »Der Besitzer dieses großartigen Lokals ist einer der beliebtesten deutschen Wirte New Yorks, sein Lokal mit altdeutscher Bier- und Weinstube ist echt deutsch, hier spielt im Sommer die deutsche Operettengesellschaft, deutsche Gartenkonzerte finden statt und man trifft hier fast ausschließlich Deutsche.«

Ägyptisches Liebesdrama und bayerischer Gerstensaft

Ende des 19. Jahrhunderts konnte man ein bayerisches »birra« auch in den Bier-Palazzi Veronas, Roms und Mailands bestellen. Mailand entwickelte sich sogar zu einer Hochburg des Biers. Italien war wegen seiner geographischen Nähe zu Bayern einer der ersten ausländischen Märkte. Heute ist das ursprüngliche Weinland zum Eldorado bayerischer Bierexporteure geworden. Der reißende Absatz lässt sich schon lange nicht mehr allein auf deutsche Urlauber zurückführen.

Selbst bei manchen italienischen Festivitäten hat sich das bayerische Bier zum bevorzugten Getränk entwickelt, beispielsweise beim alljährlichen »Schinkenfest« von San Daniele. Die Besucher sitzen auf Bierbänken, die vom Münchener Oktoberfest ausgeliehen werden. In der altehrwürdigen »Arena«, Veronas klassischem Opernspielort, reichen Bauchladenverkäufer vor der ägyptischen Pyramidenkulisse der »Aida« – fast stilecht – bayerisches Bier zur Erfrischung.

Weltausstellungen und Exportaufschwung

Der bayerische König Otto konnte sich während seiner Regentschaft in Griechenland nicht mit dem geharzten Retsina anfreunden. Gegen Bierdurst und Heimweh bestellte er beim Münchener Brauherrn Franz Xaver Zacherl im Jahr 1830 einige Fässer »Salvator«, die ihren Zielort erstaunlicherweise unbeschadet erreichten. Josef Pschorr hatte bereits 1861 vereinzelte Bierversuchssendungen mit dem Segelschiff nach Rio de Janeiro und Pernambuco geschickt.

Ernst zu nehmende Exportgeschäfte waren das jedoch noch nicht, weil das Bier damals größtenteils verdarb. Der globale bayerische Bier-Boom begann erst mit den Weltausstellungen. 1867 erregte der Münchener Gerstensaft erstmals großes Aufsehen: Bei der Weltausstellung in Paris wurde das Spatenbier mit einer Goldmedaille ausgezeichnet. Der Münchener Bierexport erlebte in den 70er Jahren dank des wirtschaftlichen Aufschwungs der Gründerjahre und dank neuer Technologien und Transportmittel seine erste Blüte. 1891 exportierten die Münchener Brauherren fast fünfmal so viel Bier wie die übrigen bayerischen Brauereien. Ein Drittel der Münchener Bierproduktion floss zwischen 1880 und 1913 in alle Erdteile.

»Bavarian beer« und Hallertauer Hopfen

Auf dem amerikanischen Kontinent allerdings war man auf den Gerstensaft aus Bayern nicht angewiesen. Das Bier hatte dort schon durch die indianischen Ureinwohner eine lange Tradition. Bier lenkte auch die Wege der ersten europäischen Einwanderer, der Pilgrim Fathers um. Eigentlich sei ihr Zielort Virginia gewesen, doch weil die Lebensmittel knapp wurden und das Bier zur Neige ging, seien sie nur bis Plymouth gekommen. Die erste gewerbliche Brauerei Nordamerikas errichtete 1623 der Engländer William Penn in Manhattan und er löste damit einen Brauboom aus. Der erste Präsident der Vereinigten Staaten, George Washington (1850–1915), soll sogar auf seinem Gut in Mount Vernon ein privates Brauhaus unterhalten haben.

Das amerikanische Unternehmen Anheuser-Busch ist heute die größte Brauerei der Welt. Den Hopfen für ihr

Bier importiert sie wie schon erwähnt aus Bayern. In Hüll in der Hallertau unterhält Anheuser-Busch eine eigene Hopfen-Farm, der auch ein Hopfenforschungsinstitut angeschlossen ist. Der Braugigant wurde Mitte des 19. Jahrhunderts in St. Louis von einem Mainzer namens Adolphus Busch gegründet. 1857, im Alter von 18 Jahren, war er nach Amerika ausgewandert. Seinen Erfolg verdankte Busch unter anderem einer speziellen Brauweise: Er stellte untergäriges Bier nach bayerischer Methode her. »Bavarian beer« wurde in Amerika schon bald zu einem Sortennamen, auch für das Bier, das in Amerika gebraut wurde. Eine besondere Vorliebe hegten die Amerikaner für das Münchener Bier. Schon Mitte des 19. Jahrhunderts verschickte der Münchener Brauherr Josef Pschorr sein Bier nach Amerika. Seit es ihm 1894 geglückt war, ein Dampfschiff mit Lindescher Kühlung auszustatten, florierte der Übersee-Export. Pschorr gründete noch im gleichen Jahr die »U. S. Branch of Pschorr Bräu München« in der New Yorker Greenwich Street. Diese Zweigstelle leitete er drei Jahre lang selbst.

Jodeln in Milwaukee

Im 19. Jahrhundert strömten viele deutsche Einwanderer an das Westufer des Michigansees. An einer Flussmündung, nicht weit von Chicago entfernt, entstanden drei Siedlungen, die 1846 zur Stadt Milwaukee vereint wurden. Deutsche Bierbarone etablierten ihre Braukunst und machten Milwaukee zu einem Zentrum des Biers. 1854 ließ sich auch Frederick Miller aus Sigmaringen, ein ehemaliger Hofbraumeister der Hohenzollern, dort nieder. Neben dem erforderlichen Know-How hatte er seine Hefekulturen im Reisegepäck, deren Nachkömmlinge angeblich heute noch das Bier zum Gären bringen.

Auch in der neuen Heimat interessierten sich die Einwanderer weiterhin für ihre eigene, deutsche Kultur. Noch heute pflegen in Milwaukee über vierzig Vereine deutsche, vor allem bayerische Lebensart. Jährliche Hauptattraktionen bilden das »Octoberfest« und das »Bavarian Volksfest«. Schuhplattler, Blaskapellen und Jodelgruppen verleihen den Veranstaltungen ihren »stilechten« Rahmen und für Stimmung sorgen Ströme von Gerstensaft, gebraut nach bayerischem Vorbild.

Bayerisches Bier im Fernen Osten

Dreizehn Tage dauerte zur Kaiserzeit die Eisenbahnfahrt von Berlin quer durch Sibirien über Peking in die »deutsche Stadt am gelben Meer«, wie Tsingtau einst genannt wurde. Im Jahr 1897 hatten die Deutschen das Gebiet für 99 Jahre als Kolonie gepachtet, doch schon 1914 mussten sie es wieder verlassen. Die Japaner hatten die Stadt besetzt. Häuser im Kolonialstil mit kleinen Erkern erinnern an die deutsche Vergangenheit, ebenso wie eine Brauerei, die damals hier errichtet wurde. Ihre Kupfersudkessel sind noch immer in Betrieb.

Von der kolonialen Vergangenheit will man in China zwar nichts mehr wissen, doch die deutsche Braukultur wird hochgehalten. Um den Technologietransfer zu gewährleisten, hält man engen Kontakt zur bayerischen Brauhochschule Weihenstephan. Das Bier aus Tsingtao zählt zu den renommiertesten und devisenträchtigsten Produkten Chinas. Jedes Jahr im Juli strömen für zwei Wochen Touristen aus aller Welt dorthin zum Bierfest, das in seinen Ausmaßen dem Oktoberfest Konkurrenz macht.

In China existieren heute zahlreiche Brauereien, die bayerisches Bier unter Lizenz herstellen; beispielsweise das »Hofbräuhaus« in Laizhou in der Provinz Shan Dong und eine Löwenbrauerei in Hongkong. Genauso selbstverständlich wie die Bayern mit chinesischen Essstäbchen im Reisgericht stochern und Reiswein schlürfen, stemmen inzwischen die Chinesen zur Schweinshaxe den Maßkrug; allerdings mit dem kleinen Unterschied, dass solche Vergnügungen in China den Wohlhabenden vorbehalten bleiben.

Paulaner unterhält in Peking und Shanghai zwei dieser beliebten Etablissements mit angeschlossener Hausbrauerei. In Hongkong gilt eine bayerische Gaststätte mit Biergarten, geführt von Tse Yin, Chinas bekanntestem Schauspieler, als letzter Schrei exotischer Gastronomie.

Bayerisches Bier aus aller Welt

Heute ist es kostspieliger das Bier auf dem Landweg von München nach Hamburg zu transportieren als auf dem Seeweg von Hamburg nach Hongkong. Aus diesem Kalkül heraus entstanden die Lizenzbrauereien. Vorreiter war dabei Löwenbräu. Das Unternehmen ließ – um Kosten zu sparen – als erste bayerische Brauerei das Bier an dem Ort herstellen, wo sie es auch verkaufen wollte; der ersten Zweigstelle in den USA folgten weitere in England, Panama, Nicaragua, Australien, Schweden, Ecuador, Griechenland, Kanada, Portugal. Auf die Dauer war das rentabler als der Direktexport per Schiff oder Flugzeug.

Rezession und Limonade

Am 18. Oktober 1926 wurde das bayerische Bier erstmals in die Lüfte getragen. Ein Flugzeug des Typs JUFW 13 nahm auf dem Flugplatz München-Oberwiesenfeld zehn Fässer Spatenbier an Bord und brachte sie nach Wien. Diese Transportweise blieb vorerst eine Ausnahme. Das Biergeschäft bot in diesen Jahren auch keinen Anlass mehr für Höhenflüge. Mit dem Beginn des Ersten Weltkriegs waren die Umsätze rückläufig und das Exportgeschäft erlitt schweren Schaden. Während des Krieges waren die Rohstoffe knapp, die Auslandsverbindungen unterbrochen. Zudem herrschte Personalmangel, weil die meisten Beschäftigten zum Kriegsdienst herangezogen worden waren. In den 20er Jahren kam es durch Inflation und fehlende Rohstoffe zu erneuten Einbrüchen. Die Prohibition behinderte den einst florierenden Export in die USA. Um ihre Defizite einzudämmen, mussten die Brauereien in den 20er Jahren mit der Herstellung von Mineralwasser und Limonade beginnen.

Von der Reklame zum Marketing

Auch im eigenen Land versuchte man dem Bier das Wasser abzugraben. Die Vertreter der Anti-Alkohol-Bewegung wollten schon Ende des 19. Jahrhunderts die Arbeiter davon abbringen, die Verzweiflung über ihre Not und ausweglose Lage in einem täglichen Bierrausch zu ertränken. Die Brauherren reagierten damals prompt: mit Werbung. Der wachsende Konkurrenzdruck unter den Brauereien intensivierte die Bemühungen, jeweils die eigene Biermarke als unverzichtbares Produkt zur Steigerung der Lebensqualität erscheinen zu lassen.

Die Franzosen Jules Chéret und Eugène Graset hatten 1887 damit begonnen, einfache, beschriftete Werbezettel mit anmutigen Mädchengestalten zu illustrieren. Der Pariser Maler Henri de Toulouse-Lautrec, »König des Plakats« genannt, prägte den werbegrafischen Stil einer ganzen Epoche. Der Erfolg dieser Blätter war so groß, dass immer mehr Unternehmen die Plakatwerbung für sich entdeckten.

Den Münchener Maler und Heraldiker Otto Hupp hatte man schon 1884 mit einem Signet für die Spatenbrauerei beauftragt, das sich bis heute unverändert erhalten hat. Ab 1890 begannen die Münchener Brauhäuser mit Plakaten zu werben, allerdings nur für kurze Zeit. Sobald der Umsatz wieder gestiegen war, glaubte man, auf Reklame verzichten zu können. Während der Kriegsjahre, 1914–1918, erübrigten sich Werbemaßnahmen, doch auch in den 20er und 30er Jahren glaubten die Bierbarone, Reklame sei überflüssig. Abgesehen von einigen dürftigen Plakaten und bedruckten Bierfilzen verzichtete man damals auf Werbung. An dieser Haltung änderten auch die kommenden Jahrzehnte nichts.

Noch in den 60er Jahren, als Werbung Bestandteil des täglichen Lebens wurde, gab es kaum Reklame für Bier in den Medien. Kino und Fernsehen entdeckte man hierfür erst, als der Bierumsatz rückläufig wurde. Heute, wo der Pro-Kopf-Verbrauch niedriger denn je ist, werden die Konsumenten in allen Medien mit Bier-Werbung bombardiert; kaum ein kulturelles oder sportliches Ereignis, das nicht von der Bier-Industrie gesponsert würde. Die größte Werbekampagne für das Münchener Bier ist heute das Oktoberfest, das nach dem Zweiten Weltkrieg auf Initiative der ansässigen Brauereien wieder belebt wurde.

Kriegserbe und Dirigismus

Nach dem Zweiten Weltkrieg lagen die bayerischen Brauereien fast ausnahmslos in Schutt und Asche. Die Produktionsstätten wie auch die innere, organisatorische Struktur mussten wieder neu aufgebaut werden. Jüdische Mitarbeiter, manche von ihnen in leitender Stellung, wurde vom nationalsozialistischen Regime zur Emigration gezwungen oder ermordet. Viele Beschäftigte sind im Krieg gefallen. Unter dem dirigistischen Brauwirtschaftsverband, dem die Brauereien von 1933 bis Ende des Zweiten Weltkriegs unterstanden, war die unternehmerische Eigeninitiative, die einst den wirtschaftlichen Erfolg herbeigeführt hatte, gebrochen worden. Nur allmählich konnten sich die bayerischen Brauereien – wie andere deutsche Wirtschaftszweige auch – wieder auf dem Weltmarkt Fuß fassen.

Die Zeiten haben sich geändert

Um 1900 beherrschte das bayerische Bier noch den Welthandel. Durch die beiden Weltkriege und das Nazi-Regime verloren die deutschen Brauereien den Anschluss. Weltweit steht heute Anheuser-Busch an erster Stelle, europaweit verzeichnet die niederländische Brauerei Heineken die höchsten Umsätze. Innerhalb Deutschlands haben die norddeutschen Braukonzerne den Bayern den Rang abgelaufen. Wer überleben will, muss Fusionen eingehen, werben und sich dem Konzept der Mega-Konzerne angleichen. Von den ehemaligen Münchener Großbrauereien ist nur noch Augustiner-Bräu ein eigenständiges Unternehmen geblieben, das großen Wert darauf legt, ohne Werbung auszukommen.

1998 endete die zweihundertjährige Geschichte der Brauerei Hacker-Pschorr an der Grasserstraße im Münchener Westend. Die riesigen Kupfer-Sudpfannen wurden in einer spektakulären, nächtlichen Aktion mit Kränen abmontiert und mit Tiefladern abtransportiert. Das Gebäude wurde danach abgerissen. Gebraut wird in Zukunft nur noch im Hause Paulaner.

Spatenbräu und Löwenbräu schlossen sich vor einigen Jahren zum Konzern zusammen. Die Verbraucher verfolgen diese Entwicklung skeptisch. Viele fürchten, dass die Qualität des Biers darunter leidet und es zu einer geschmacklichen Vereinheitlichung kommt. Je mehr sich die Bierherstellung internationalen Kriterien anpasst, desto fraglicher bleibt auch das Fortbestehen des Reinheitsgebots. Den Gerstensaft ökologisch orientierter Kleinbrauereien sehen inzwischen viele Konsumenten als einzige Alternative zum immer charakterloser werdenden Einheitsgebräu der Bierindustrie.

Umweltfreundliches Bier

Die bayerische Brauindustrie preist das Bier noch immer als gesundes, naturreines Getränk aus Hopfen, Malz und Wasser an. Doch denkt man an die intensive Behandlung der Rohstoffe mit Kunstdünger und Pflanzenschutzmitteln, so dürfte diese Behauptung keiner Überprüfung mehr standhalten. Der Hopfen beispielsweise stammt ursprünglich aus Asien und benötigt beim Anbau in unseren Breiten sehr viel Pflege. Je höher die Ansprüche an Wirtschaftlichkeit und Ergiebigkeit werden, desto mehr manipuliert man sein Wachstum mit chemischen Hilfsmitteln.

Brauereien, die Bier unter ökologischen Gesichtspunkten herstellen, verwenden Rohstoffe aus kontrolliert biologischem Anbau ohne Kunstdünger und chemische Pflanzenschutzmittel. Sie verzichten auch auf die Schwefelbehandlung von Hopfen und Malz. Nach diesen Grundsätzen produziert Franz Ehrnsperger, Inhaber der Neumarkter Lammsbräu, in der Oberpfalz. Beim Brauvorgang gelang es ihm, den Energieverbrauch, der bei Brauereien allgemein sehr hoch ist, durch ein computergesteuertes System und Solarzellen auf ein Minimum zu reduzieren. Das fertige Bier wird in Mehrwegflaschen abgefüllt, auf Einmalverpackungen verzichtet er grundsätzlich. Das Öko-Bier bleibt bei dunkler, kühler Lagerung bis zu fünf Monate haltbar und kostet pro Flasche nur wenig mehr.

Ein Schatz namens Merlin

Klaus Wasmuht heißt der Entdecker einer neuen Brauanlage. Als Hobbyarchäologe sucht er gern nach alten Schätzen. Jetzt hat er einen neuen entdeckt: 1999 entwickelte er eine revolutionäre Brauanlage, die er nach Merlin, einem keltischen Magier und Druiden benannte. Normalerweise müssen die Rohstoffe Hopfen, Malz und Wasser in riesigen Kesseln mehrere Stunden gesotten werden. Das kostet sehr viel Zeit und Energie.

»Bei Merlin fließt die Würze insgesamt sechsmal in dünnen Schichten über einen im Kessel eingebauten Kegel. Dadurch verkürzt sich der ganze Vorgang um ein Drittel der Zeit«, schrieb die Süddeutsche Zeitung. Fachleute sagen, mit diesem Verfahren könne man dreißig Prozent der Energie einsparen und die Emissionen aus den Brauanlagen erheblich verringern. Hinzu käme, dass mehr Aromastoffe und Vitamine im Bier erhalten bleiben. Es wäre also umweltfreundlicher, gesünder und würde besser schmecken als herkömmlich gebrautes Bier.

Meerrettich und Fruchtaroma – die Zukunft des Biers?

Der Bierkonsum ist in Bayern schon seit Jahren rückläufig. Immer mehr Verbraucher bevorzugen Biermischgetränke, wie »Radler« oder »Russ'n«, alkoholreduzierte oder alkoholfreie Biere.

Neben dem Öko-Bier sind zeitweise recht abenteuerlich anmutende Bier-Ersatzgetränke auf dem Vormarsch: Die Braufachschule Doemens entwickelte ein neues bierartiges, alkoholfreies Getränk aus Fruchtaromen. Daneben kreierte man eine wohlschmeckende Mischung aus Bier und Prosecco mit Fruchtgeschmack. Das neu entwickelte Meerrettich-Bier wird bei uns wohl wenig Anklang finden.

Bei all diesen fieberhaften Forschungen wird eines klar, die Brauereien müssen umdenken; das »flüssige Brot« allein wird sie in Zukunft, zumindest hierzulande, nicht mehr ernähren.

Zurück zu den Wurzeln

Löwenbräu errichtete 1998 in der ägyptischen Stadt El Gouna am Roten Meer eine Lizenzbrauerei. Das »bayerische« Bier aus Ägypten, unterliegt dem deutschen Reinheitsgebot und wird vom Münchener Stammhaus streng kontrolliert. Warum ausgerechnet in einem muslimischen Land eine Brauerei gebaut wird, obwohl der Genuss von Alkohol dort streng verboten ist, erklärt man mit dem Tourismus. Die Aktien der Brauerei finden unter den Ägyptern nur wenige Abnehmer. Aus religiösen Gründen ist es nämlich verboten, mit Alkohol Geld zu verdienen.

Ein offenes Geheimnis – und eine große Ausnahme für ein muslimisches Land – aber bildet die Tatsache, dass sich dort selbst verschleierte Frauen hin und wieder ein wenig von dem Gerstensaft gönnen – ganz wie in alten Zeiten, denn Ägypten ist ja die Wiege des Bieres.

Bier gibt es schon seit der Steinzeit. Von den alten Ägyptern fand der Gerstensaft im Laufe der Jahrtausende seinen Weg nach Bayern. Seine Zubereitung, ursprünglich eine Domäne der Frauen, sollte im Mittelalter zur Männersache werden. Die Mönche widmeten sich der Braukunst und nutzten dabei ihre Kenntnisse alter Kulturen. Durch Studien und Experimente verwandelten sie den Gerstensaft in »flüssiges Brot«. In über tausend Jahren Klosterbraukunst ist Bier flüssiger Bestandteil bayerischer Lebensart geworden.

Im Zeitalter der Industrialisierung wurde das Bier zur Massenware. Aus ehemaligen Braumeistern wurden Bierbarone oder Arbeiter. Die sozialen Gegensätze verschärften sich und das Bier wurde zum Politikum. Mit Biersteuern füllte man schon seit dem Mittelalter die Kriegskassen; im 19. Jahrhundert kam es zu etlichen Aufständen und Krawallen wegen des Bierpreises. Für das Recht auf »flüssiges Brot« hat mancher sogar sein Leben gelassen.

Bier eignete sich schon immer als Stimmungsmacher – im Guten wie im Bösen. Im Bierernst werden Meinungsverschiedenheiten mit dem Maßkrug ausgefochten; im Bierdunst wird das Trinkgefäß zu einem Medium der Völkerverständigung. Am bayerischen Biertisch versammeln sich Reich und Arm und die Erschwinglichkeit eines Bierrausches scheint schon beinahe ein bayerisches Grundrecht zu sein. Dem Bier verdanken die Bayern ihren Ruf, ein gemütliches und gastfreundliches Volk zu sein – aber ebenso die Beschimpfung als »Bier-Dimpfl«.

Einst strömte der Gerstensaft aus dem fernen Orient nach Bayern, heute schäumt bayerisches Bier bis in die entlegensten Winkel der Erde. Im 19. und 20. Jahrhundert war der bayerische Bierstrom der mächtigste der Welt, heute nimmt er sich neben dem der europäischen und amerikanischen Bier-Giganten wie ein Rinnsal aus. Dennoch pflegt man überall auf der Welt die bayerische Bierkultur. In Bayern selbst hat das Bier seine ehemals »elementare« Bedeutung als Grundnahrungsmittel, Politbarometer und gewichtiger Wirtschaftsfaktor verloren. Längst ist es auch hier zu einem Konsumartikel und Genussmittel unter zahllosen anderen geworden.

Die Trinkgewohnheiten haben sich geändert. Das Bier ist in Bayern längst nicht mehr so angesehen wie früher. Auf der Taufe, bei der Hochzeit, zum Geburtstag stößt man nicht mehr mit dem Maßkrug an. Zum Feiern greift man hierzulande inzwischen lieber zu Wein, Prosecco oder Sekt. Am Stammtisch, auf dem Volksfest, im Biergarten, zu einfachen, deftigen Mahlzeiten oder vor dem Fernseher ist Bier schon eher ein selbstverständliches Getränk geblieben.

Ursprünglich als flüssiges Brot und Stimmungsmacher gerühmt, heute als Kalorienbombe und impotenzverursachender Schlummertrunk verschrien, hat das Bier einiges von seinem Ansehen eingebüßt. Kein Wunder, dass immer mehr Biertrinker ihre Leidenschaft für den Gerstensaft dem zeitgemäßen Image opfern.

Die Zukunft des bayerischen Bieres scheint ungewiss, doch ein Blick in die Vergangenheit gibt Anlass zur Hoffnung. Wie sehr sich auch Zeiten und Sitten geändert haben, das Bier erwies sich als robustes Getränk. Aufgrund seiner Wandlungsfähigkeit lassen sich an ihm seit Jahrtausenden kulturelle und gesellschaftliche Entwicklungen nachvollziehen und miterleben. Von dieser faszinierenden Lebendigkeit hat es bis heute nichts verloren.

Mein besonderer Dank gilt:

Henric L. Wuermeling,
Ute Lang und Christof Diehl (Bayerisches Fernsehen),
Saskya Kamphuis und Wolfgang Preuß (Recherche),
Richard Dusch (Bildarchiv der Paulaner Brauerei),
Erich Dederichs (Bildarchiv Deutscher Brauerbund),
Dr. Renate Dernedde (Lektorat)
sowie meinen Freunden
Renate Grasser und Ulrich Walljasper.